テレワーク時代の
営業の強化書

コンタクトレスアプローチ

長尾一洋
Nagao Kazuhiro

KADOKAWA

はじめに

「コロナ禍のテレワーク、26・7%が『実施したけどやめた』」

2020年7月の中旬にこのような見出しの記事を見つけました。東京商工リサーチが6月末から7月上旬にかけて行ったアンケートの調査結果です。新型コロナウィルス感染症の感染拡大を防ぐという目的で「ステイホーム」が叫ばれる中、多くの企業がテレワークへと舵《かじ》を切りましたが、数カ月を経て、「実施したけどやめた」企業が4社に1社あるということになります。

新型コロナウィルス（COVID-19）について、日本国内で最初に報道されたのは2019年12月31日でした。

年が明けて、2020年1月にWHO（世界保健機関）から「原因不明の肺炎」に関する発表があり、その原因が新型コロナウィルスであることが判明したあとは、じわじわと「不安」や「おそれ」が人々の間に広がっていきました。

クルーズ船「ダイヤモンド・プリンセス」号船内での集団感染をはじめ、国内だけでなく世界のいたるところで感染が拡大していく報道が続き、2月に入ってマスク不足が目立つようになる頃には、「コロナ」の言葉を耳にしない日はないほどの状況になり、ついに緊急事態宣言が出るという大騒動へと発展したのは、みなさんもご存じの通りです。

「コロナ禍」という言葉が、いつのまにか耳慣れたものになり、「新しい生活様式」と呼ばれる行動スタイルが、日常のさまざまな場面で求められるようになりました。


この間、とりわけ注目を浴びたのが「テレワーク」でした。

数年前から、主にワークライフバランスの観点から推奨されてきたテレワークという働き方が、今回は「人との接触を避ける」という理由によって一気に浸透するかに見えました。実際、いったんはテレワークを実施してみたという企業はかなりの数に上っていたはずです。

にもかかわらず、冒頭で紹介したように、早々とテレワークをあきらめた企業も続出しました。

その詳細は各企業によってさまざまでしょうが、ニュース記事などを追いかけていると、いくつかの共通する課題が浮かび上がってきます。

「書類の確認や整理のために、結局は出社せざるを得ない」
「オンライン会議では空気が読めない」
「コミュニケーションや社内での連携が不安」
「メリハリがなくなって、集中力や効率が下がった」

どれも、導入したばかりでテレワークに慣れていない時期の問題点としてうなずけるものばかりです。そして、これらに加えて、さらに深刻な大きな課題として多くの企業を悩ませたのが、「営業をどうするのか⁉」ということでした。

「営業のアポイントが取りにくくなった」
「お客様が会ってくれない」
「オンラインでの営業で、今まで通りの成果が出せるのか」

現場の営業担当者はもちろんのこと、営業チームを率いる管理職の方々、そして営業部門を持つ企業の経営者のみなさんの不安や危機感は高まる一方です。

安心してください。そうした不安や危機感を克服し、まさに「ニューノーマル」な営業がどうあるべきかということを、本書で私は提示してみたいと思います。本書は「テレワーク時代の営業の強化書」をコンセプトに、「会わずに売れる」新しい営業の形として、「コンタクトレス・アプローチ」という手法を紹介するものです。

1991年の設立以来、6900社のクライアントに営業支援を行い、新型コロナウィルス危機以前から、積極的にテレワークを活かした営業スタイルを提案してきた当社（NIコンサルティング）には今、さまざまな方たちから多くの悩みや相談が寄せられています。本書では、これまでに培ってきた当社の知見を惜しみなく披露し、「ビジネスモデル」「営業マネジメント」「セルフマネジメント」「営業方法」というそれぞれの観点から、目から鱗の「逆転の経営戦略」を示してみます。

新型コロナウィルスによって引き起こされた「人との接触を避けたい」という状

況は、今後も続くと予想されます。「コンタクトレス（非接触）」での営業手法の導入が、今や待ったなし！　に求められています。

「コンタクトレス・アプローチ」によって、営業の現場がこれまで以上の活況を呈する未来を見据えつつ、本書がそのための一助となれば幸いです。

株式会社ＮＩコンサルティング代表取締役　長尾一洋

コンタクトレス・アプローチ　目次

序章

営業を止めるな！

営業が止まると会社が終わる

令和2（2020）年、世界は新型コロナウィルスの感染拡大により大きく変貌しました。その最たるものは、英語で言えばSocial Distancing（ソーシャルディスタンシング）、あるいはPhysically Distance（フィジカリーディスタンス）、つまり、人と人との間の物理的距離にかかわる意識です。

他者との間に「2メートル以上の間隔をあける」ということが推奨され、これまで当たり前のように顔を合わせて行ってきたことのすべてに「それは不要不急ではないのか？」という問いが突きつけられる日々。多くの人たちが日常生活だけでなく仕事でも「なるべく人に会いたくない」という気持ちに傾いていったのは、当然の流れだったと思います。

私はＮＩコンサルティングというコンサルティング会社の代表を務めています。

序章
営業を止めるな！

1991年の設立以来、ITツールを活用した経営支援システムと生身の経営コンサルタントを融合した新しい形のコンサルティングにより、クライアント企業の経営改善に努めてきました。とりわけ営業支援はもっとも得意とするところです。

新型コロナウィルス危機により、その営業の現場にも大きな変化が現れました。

「顔を出して挨拶なんて、とんでもない。やめてくれ」

「会いたくないんだ」

営業担当者が営業にうかがおうにも、先方から迷惑がられる。追い払われる。そんな事態が起こっています。

2020年4月に緊急事態宣言が発令されたあと、多くの企業でテレワークという働き方が一気に広がりました。進捗《しんちょく》率に個別差はあるものの、社内業務についてはそれなりにテレワーク体制が整いつつあるように思われます。

ところが、営業の現場は相変わらず混乱状態が続いています。以前は「話があるなら来てほしい」と言っていた人が「来るな」と言う。「売りっぱなしにしないで、たまにはゆっくり話でもしようよ」と、暗に接待を迫っていたような人も「用もないのに会いたくないよ」と冷たい反応。「非常にやりづらくなった」というのが現場に立つ営業担当者の率直な声ではないでしょうか。

「会いに行くのが営業の仕事だ」

そう考えている限り、営業活動は止まったままで、先に進むことができません。しかし営業が止まると、いずれ会社そのものが存続できなくなります。

「会えない」マイナスをプラスに変える

「智者の慮《おもんぱかり》は、必ず利害を雑《まじ》う」という言葉をご存じでしょうか。紀元前500年頃、今から約2500年前の中国春秋時代の思想家・孫武《そんぶ》の作とされる兵法書

『孫子』(九変篇)に書かれたものの中で、もっとも有名なフレーズの1つです。

智者《ちしゃ》の慮《おもんぱかり》は、必ず利害《りがい》を雑《まじ》う。
利に雑うれば、而《すなわ》ち務《つとめ》は信《まこと》なる可《べ》し。害に雑うれば、而ち患《うれ》いは解《と》く可し。

智将が物事を考え、判断するときは、必ず利と害の両面を併せて熟考するものである。
有利なことにも、その不利な面を併せて考えるから、成し遂げようとしたことがその通りに運ぶ。不利なことに対しても、その利点を考えるから憂いを除き、困難を乗り越えることができるのだ。

私は、『孫子』の兵法を現代のビジネスに活かす「孫子兵法家」でもあります。やりたいことをやり遂げるためには常にプラス面とマイナス面の両方を考えておかねばならないという『孫子』の教えに則《のっと》って、今回の「会えない」という負の事態をとらえ直してみましょう。

あなたが面会を申し込んだのに、「会えない」「会いたくない」と先方から断られたとき、一度じっくりと考えてみてください。「その用事は、本当に会わなくてはならないものなのか？」「会わずには絶対に不可能なことなのか？」と。

恋愛関係ではないのですから、営業担当者にとって、本来、果たしたい目的は「会う」ことの先にあるはずです。「会う」ことは単なる手段です。

その目的が「自分たちの商品を知ってもらいたい」「購入を検討してもらいたい」ということであれば、「会う」ことは必ずしも不可欠ではないことに気づきます。と同時に、「会えない」からこそできることがあるという点にも考えが及び、営業活動の可能性を広げられるのではないでしょうか。

時期尚早だった「エコ営業」

実は、私がこのような「会わない」＝「コンタクトレス」の営業スタイルを考え始めたのは、今回の新型コロナウィルス危機がきっかけではありません。今をさかのぼること11年前、すでに「エコ営業」という名称で、クライアント企業にそれを紹介していました。

きっかけは、2006年にアメリカで制作された『不都合な真実』というドキュメンタリー映画でした。地球温暖化などの環境問題に世界中の注目が集まり、日本でも環境に配慮しようというエコロジーブームが盛り上がったのです。

「エコ営業」というのは、「エコロジー」と「エコノミー」の2つの言葉をかけてつくった造語です。実際に取り引き先に会いに行くとすると、たとえば電車や営業車を動かすための燃料エネルギーを使うことになり、環境に負荷を与えることにつながります。企業には交通費やガソリン代などの経費が発生します。「会わない」で済ますことができれば、その両方が不要になる。つまり二重の意味で「エコ」だというわけです。

2009年に新型インフルエンザ(H1N1亜型ウィルス)が流行したことも、「会わない」スタイルのエコ営業にとっては追い風となるはずでした。ですが、読者の方もご存じの通り、この新型コロナウィルス危機が起こるまでは、やはり従来の「会う」営業が主流で、「会わない」というエコ営業は残念ながら、ほとんど普及することがありませんでした。

ＷＥＢ商談ツールの使い勝手が非常に悪かったことが、その理由です。当時は種類も少なく、利用にかかる費用も高額でした。今のような無料または安価な質の高いツールが数多くあり、送ってもらったＵＲＬをクリックするだけでミーティングに参加できるという便利さとは、ほど遠い状況だったのです。

それでも遠方のクライアントとの打ち合わせやシステムの説明を行うときにはＷＥＢの方がやりやすいのは確かなので、私たちの会社ではずっとリアル営業を補完するという形でコンタクトレス営業も続けてきました。そうして迎えたのが、今回の新型コロナウィルス危機です。

先手必勝！　今すぐコンタクトレス・アプローチを始めよう

新型コロナウイルスによるパンデミック（感染爆発）は、短期間のうちに世界中を巻き込んで、日常生活を制限するほどの大変化を引き起こしました。「Social Distancing」が求められて、仕事がしづらい。特に人と会うことが多い営業の仕事がやりにくい。営業担当者にとってもそうですし、お客様にとっても同じでしょう。みんなが同じような悩みを抱えていて、しかも、それがいつまで続くのかさえわかりません。

だからこそ、未来を見つめて、思い切った発想の転換が必要なのです。

新型コロナウウィルスで仕方なくコンタクトレス（非接触＝会わない）にするのではなく、コンタクトレスの方がより多くのメリットがあるから実行するという、積極的な選択としてのコンタクトレス・アプローチ。それが本書のテーマです。

そもそも「コンタクトレス」で行う営業スタイルには、大きなメリットがあります。11年前、「エコロジー」と「エコノミー」という2つの価値を持つ「エコ営業」という営業手法を世に問うたのは先に述べた通りですが、今回は、それをさらにバージョンアップさせて、現在の世相を踏まえた4つの価値（4E）を提示したいと思います。新たに加わった2つの価値については、第1章で詳しく説明します。

繰り返しますが、今やWEB商談に必要な環境は十分に整っています。パソコンあるいはタブレットやスマートフォンさえあれば、特別な知識など一切不要で、誰もがそれに参加することができます。

さらに、外出自粛期間を経て、WEBミーティングやWEB商談への心理的抵抗が薄れています。多くの方がこの期間に否応なくそれを体験し、気軽さや便利さに気づいたのです。

新型コロナウィルス危機が今後、どのように展開しようとも、世の中は必ず「コンタクトレス」化への動きを加速させていくでしょう。「会う」ことが営業に必須条件であった時代は、確実に終わりを迎えます。いつかはその動きに乗らざるを得ないなら、少しでも早くスタートを切るべきです。

テレワークを導入しようかどうか、今なお迷っている経営者の方。テレワークを導入したものの、効率よく仕事を進めるための使い方を模索している管理職の方。実際に現場で大きな変化に直面している営業担当者の方。業務として営業にかかわるすべての方が、本書で紹介する「コンタクトレス・アプローチ」によって、多くの課題を解決されることを切に願ってやみません。

ビジネスの世界は先手必勝。新型コロナウィルス危機を、営業改革の絶好の機会にしてください。

第1章

コンタクトレス・アプローチが営業の主流になる

コンタクトレス・アプローチとは？

本書のタイトルでもある「コンタクトレス・アプローチ」について、まずは定義から説明します。

コンタクトレス・アプローチ（Contactless Approach）とは、**顧客へのリアル訪問（コンタクト）を減らし、WEB等を駆使してアプローチ数を増やすことで、より大きな成果を挙げる一連の営業行為**のことを指します。

「会う」という行為を減らすことで生じた時間や労力を、アプローチ数を増やすことに使い、全体のパフォーマンスを上げていきます。

とはいえ、いきなりそんな定義を語られても、「？？？」となるでしょう。これまで足を使って歩き回って訪問して営業してきたのに、今「会えない」ことで困っているのに、「会わない」ままで成果を挙げるとは、どういうことなんだ？――そう思われても無理はありません。

そこで、簡単な数式を使って表してみたいと思います。

リアル訪問でのパフォーマンスを「1」とします。一方、コンタクトレスのWEB商談では、双方が慣れない間は多少勝手が違うため、リアルにくらべると若干パフォーマンスが下がると仮定して、「0・8」とします。

訪問（アプローチ）数は、リアルの場合は移動時間などを考慮すると1日に3件程度でしょうか。それに対してWEB商談の場合は、移動の必要がない分、それよりも多くこなせるとして、ここでは5件と考えましょう。数式で表すと次のようになります。

1×3＝3＜0・8×5＝4

つまり、リアルにくらべてWEB上でのパフォーマンスが（1⬇0・8）に落ちたとしても、その分アプローチ件数が増やせる（3➡5）ので、結果としては大きな成果（3＜4）となる、ということです。

この数式の数値はあくまでも仮定ですが、たとえ会えなくても、アプローチ数を増やすことさえできれば全体のパフォーマンス量を上げることができるという点は、ご理解いただけると思います。

となると、次に「アプローチ数を実際に増やすことはできるのか？」という疑問が生まれるかもしれません。それについては営業担当者の移動時間を考える必要が出てきます。

具体例とともに考えてみましょう。

当社は品川駅の港南口に直結するビルに本社を構えています。本社勤務の営業担当者が、たとえば山手線の隣の駅である大崎駅の企業を訪ねる場合、電車を使うと、どれくらいの移動時間がかかるでしょうか。

ＪＲ東日本大崎駅と品川駅間は、乗車時間3分と表示されています。しかし、ビルにあるオフィスからエレベーターでエントランス階に降りて、そこから直結とはいえ通路を歩いて品川駅に向かい、改札を通って山手線のホームに降りるまでには、

10分程度かかります。山手線は本数が多いとはいえ、１〜２分は待つこともあります。そして乗車時間が３分。大崎駅のホームに着いてから訪問先までも、やはり10分程度は見ておきたい。約束時間の５分前に到着すると考えると、片道の移動時間に合計30分を費やすことになります。

１件あたりの商談時間は、おおよそ60分程度。まっすぐオフィスに戻るとしたら、再び30分の移動時間が必要です。

つまり、60分の商談のために、たった１駅でも往復の移動時間が60分。合計で１２０分（２時間）かかるという計算になります。逆に言うと、移動さえなかったら60分という時間をもっと別の活動、つまり他の企業へのアプローチにあてられるということです。

さらに言うと、移動には往復の電車賃も必要です。ＪＲで１駅ならせいぜい往復３００円程度ですが、遠い顧客の場合は交通費もより高額になります。出張対応で宿泊も伴うとなれば、商談のためだけに多大な時間とコストがかかります。

地域や業種によっては移動手段として営業車を使用している会社も多いと思いま

すので、そのコストについても考えておきましょう。

営業車を、残価を差し引いて総費用200万円で購入したとして、5年間使うと想定した場合の1カ月あたりの費用は約3万3333円。その他、ガソリン代、車両保険料、車検費用、駐車場利用料、高速料金や、メンテナンス費用が発生します。合計すれば1カ月に1台あたり10万円程度の支出になっていてもおかしくはありません。

コンタクトレス・アプローチでは、アプローチ数を増やすとともに、このような移動のための「時間」や「経費」をバッサリと削減することもできるのです。

コンタクトレス・アプローチ「4つのメリット」

コンタクトレス・アプローチには、これまでのリアル中心の営業手法と比較して、

4つの大きな価値、つまりメリットがあります。私はそれぞれの英単語の頭文字をとって「4E」と呼んでいます。以下がその4つです。

Environment（環境）
Ecology（生態）
Efficiency（効率）
Economic（経済的）

11年前の「エコロジー」と「エコノミー」を掛け合わせた「エコ営業」が進化し、さらに2つのメリットが加わっています。資源を無駄遣いせずに（Environment）、二酸化炭素の放出も抑えて地球環境にやさしく（Ecology）、時間効率もよくて（Efficiency）、経済コストも引き下げられる（Economic）。

これらがすべて、コンタクトレス・アプローチによって可能になるのです。しかも、そのうえで、もちろんそのままウィルス感染対策にもなります。

繰り返しますが、この順序が重要です。アンチウィルスとしてのコンタクトレス・アプローチではなく、コロナ危機があろうとなかろうと、「4E」というメリットがあるからコンタクトレス・アプローチに移行すべきなのです。

とはいえ、今は世の中の関心がアンチウィルスに向いているという状況をうまく活かし、コンタクトレス・アプローチを推進するチャンスです。なぜなら、営業先のお客様の方から「会いたくない」と言われることが増えているからです。

いくらコンタクトレス・アプローチの方が効率もよくてメリットがあると思っていても、先方が「会いたいから来てくれ」と言っているのに「いやいや、お金も時間もかかるうえに効率も悪いから勘弁してください」と、これまでは言えませんでした。そんなことを正直に言ったら「コノヤロー」とお叱りを受けてしまいます。

しかし今は、「ウィルスのことも心配ですしね」と言えば、「会わない」ことがすんなり受け入れられるようになりました。「ウィルス対策」という旗を掲げながら、4Eを求めてコンタクトレス・アプローチへの改革を推し進めていくことができる、またとない機会がやってきたのです。

コンタクトレス・アプローチで「営業」の価値は変わるか？

「営業」という仕事の価値を考えるとき、新型コロナウィルスよりも、大きな変化をもたらした要因が以前にありました。

それは、「アマゾンエフェクト（Amazon Effect：アマゾン効果）」と呼ばれるものです。アメリカのインターネット通販の巨人、アマゾン・ドット・コムの急成長に伴う経済や社会への影響、あるいは混乱、変革などの現象のことを指します。

「アマゾンで買い物をする」という消費スタイルが、消費者に向けて物品を売り込むというリアルな商談の価値を下げてしまったのです。何しろ、アマゾンをはじめとする通販の世界では販売促進のためのリアルな営業は不要で、消費者からすると、認知度やブランドイメージがものを言います。ブランド力の高い商品や口コミで人気の高い商品は、ほうっておいてもどんどん売れていきます。もし扱っている商品やサービスが「名前だけで売れる」くらい人気の高いものであれば、営業活動の必要はありません。

BtoB（企業間）の取引であっても、それは同じです。名指しされるような、価値が広く認められている商品を販売していれば、特に営業活動をする必要はありません。発注と受注だけのシンプルな仕組み、いわばBtoC（企業と一般消費者間）における通信販売のようなスタイルに切り替えるのが賢明です。

とはいえ、実際にはほとんどの企業が「名前だけでは売れない」商品を取り扱っています。営業活動がないと、その魅力が伝えられない。目にも留めてもらえない。通販だけではとても売れそうにありません。

そもそも営業とは、「自分の持っている価値を相手に伝え、お金をもらえるほどのレベルでその価値を認めてもらうこと」です。ですから、相手の言いなりになって、値下げ交渉を持ちかけられて右往左往するような営業なら必要ありません。それならむしろ通販でいいのです。顧客が何を買うかをすでに決めていて、もっとも有利に購入できればそれでいいと考えているなら、営業担当者など通さずに通販で買った方が安上がりだからです。

つまり、営業の存在価値は「顧客の考えを否定するか、あるいは超越した提案ができるかどうか」にかかっています。別の言い方をすれば、顧客とともに目標をつくり出して、新しいニーズを生み出せるかどうか、ということになります。通販ではできないことをしなければ、存在価値はないのです。

たとえば、その目標と現状の間にギャップがあり、かつそのギャップを埋める方法を顧客が認識している場合は、営業の出る幕はありません。通販で買えば事足りますし、あるいは他社との「あいみつ（相見積もり）」を取られて値切られてしまいます。

そうではなくて、「いやいや、別の方法がありますよ（＝顧客の考えを否定する）」「この方がもっと可能性が広がりますよ（＝顧客の考えを超越する）」といった働きかけができるのが、本来の営業というものです。そういう営業担当者にならなければなりません。

そして重要なのは、この場合の営業のスタイルが、コンタクト（訪問して面談）なのか、コンタクトレス（非接触・非訪問）なのかは、本質的な問題ではないということです。

営業は「顔色をうかがう」ことが必要

営業の本質が「顧客を否定し、超越する」ことであると言っても、営業担当者が顧客を頭ごなしに否定したり、自分勝手に超越したつもりのアイデアを披露したりしているようでは、決してうまくはいきません。

相手を怒らせてしまうだけならまだしも、プライドを傷つけてしまっては二度と心を開いてもらえなくなるかもしれません。親子関係ですら、親がどれだけいい忠告をしたつもりでも、タイミングを外してしまうと子どもは聞く耳を持たないものです。ましてや他人同士であり、営業担当者と顧客という関係性にあるならば、相手を否定するときには、顔色をうかがいながら慎重に行わなければなりません。

この、相手の考えを「否定する」「超越する」例としてよく挙げられるのは、マーケティングの世界で古くから使われている「ドリルを買いに来たお客さん」です。「ドリルを買いたい」と言っているお客さんは、ドリルという道具がほしいわけではなくて、何かに穴を開けたいと思っている。だから、ただドリルを売るだけでは、お客さんの要望に応えたことにはならない――というものですが、ここで「ドリルでなくてもいいのでは？（＝否定）」あるいは「その穴は本当に開ける必要がありますか？（＝超越）」という提案ができるかどうかが、本来の営業の仕事です。

当社で言えば、あるシステムを導入したいと言ってくるお客さんは「システム」がほしいわけではなく、何か困っている問題があって、それを解決したいと考えているわけです。ですから、指定されたシステムをそのまま提供するのではなく、「こっちの方がいいですよ」と別のものを勧めることもあれば、「このシステムは、御社には必要ないですよ」とお断りした方がいい場合もあります。

とはいえ伝え方を間違えると、「せっかく買いたいと言っているのにその態度は何だ！」「こっちは客だぞ！　ふざけるな」などと怒らせてしまうことになります。そこで萎縮してしまって言いたいことを言えないようではダメですが、やはり伝え方は大事。上手に言わなければ相手には通じません。

そこではどうしても、相手の顔色をうかがうことが必要になります。「顔色をうかがう」という言い方に、やや卑屈な印象を持たれるかもしれませんが、営業には絶対に必要なことです。相手のパーソナリティや、その場の空気を読む。それらを含めて、ここでは「顔色をうかがう」と表現しています。

長い間、「営業は会うのが仕事だ」と言われてきたのは、会わなければ「顔色をうかがう」ことができなかったからです。電話やメールで反応がつかめないときには、「とにかく会って話してこい」などと、私も以前は社員に檄《げき》を飛ばしたものです。

ですが、今は、会わなくても「顔色をうかがう」ことができるようになりました。WEB商談ツールを用いれば、会わずにコンタクトレスで、顔を見せ合いながら話を進めることができます。コンタクトレスであっても、本来の営業の目的は十分に果たせるのです。

一度やったらやめられないコンタクトレス・アプローチ

実際にコンタクトレス・アプローチを行っている営業担当者が、ある日感心したように、こんなことを私に言ってきました。

「コンタクトレス・アプローチは気楽でいいですね！　隙間時間を活用してできますし」

彼は電話とリアル商談の中間くらいの位置づけでＷＥＢを利用しているということでした。20分程度の短い時間さえ確保できればいつでもできるのがありがたい、と言うのです。確かにリアル商談の場合は、20分しか時間がもらえないとわかっていると、何となく気が進まないものです。往復の移動時間や手間を考えると、少なくとも1時間程度は時間をもらって、できればそれなりの成果もほしい……と考えてしまいます。

その点、WEB商談であれば「この件だけをまずは伝えておこう」と思い立ったときにすぐに実行することができます。相手にとっても20分程度の時間ならつくりやすく、双方にとって、スケジューリングしやすいようです。


その一方で、コンタクトレス・アプローチを導入したのに、なかなかWEB商談の数をこなせないという事態に陥ることがあります。数が増やせない原因の1つに、アポイント時間の設定を従来のままの意識で行っているということがありそうです。

これまでは「出社・移動」を前提にアポイントを入れてきたので、朝一と言っても10時スタート、移動時間を考えれば午前中はこれでおしまい。午後も、お昼休み直後を避けて、13時半スタート、移動して次は15時半からと考えると、1日3件が精一杯でした。WEB商談であれば、移動がない分もっと時間を詰めて設定できるはずなのですが、以前の習慣を引きずって、同じような時刻に予定を入れてしまうのです。

そのような場合、移動を考えずにスタート時間を決めていい、1時間単位で商談時間を確保しなくてもいいという意識改革をすることで、アプローチ増につなげることができます。WEB商談をしているからコンタクトレス・アプローチができていると考えてはいけない、ということです。コンタクトしない分、アプローチ数が増えなければ意味がないことに注意が必要です。

もう1つ、現場におけるコンタクトレス・アプローチのメリットとして、「来客のコストが削減できるので気軽に会うことができます」という取引先の声がありました。

受付に来客があり、その知らせを受けた社員が応対に出て会議室まで案内し、人数分のお茶を出す。今どきの会社で受付や案内の担当を専任で置いているところはそれほど多くはないでしょう。たいていは、総務担当者などが別の業務と並行しながら来客の応対に出ています。これが1日に何度も重なると案外時間を取られて、通常業務にも支障が出てしまいそうです。また、来客予定が入った時点で応接室や会議室の予約という手間もかかります。

コンタクトレス・アプローチでは、これらがすべて不要になります。このメリットは、現場の社員にとってはかなり大きいものだと思います。

新型コロナウィルス危機による半ば強制的な「コンタクトレス・アプローチ」体験によって、多くの企業や人が「やったことがないからやりたくない」という、人間心理に潜むやっかいで強大な障壁をひょいっと飛び越えました。これは画期的なことです。この共通の体験を活かさない手はありません。

もうすでに「こっちの方が便利だな」と気づいている方も、たくさんいらっしゃると思います。時間も手間も省けて、経費も下げられる。何よりアプローチできる件数が増えて効率がいいのですから、一度この成功体験を味わったら、もう元には戻れない。まさに、「一度やったらやめられない」わけで、コンタクトレス・アプローチという営業手法は、今後、さらに拡大していくはずです。

とはいえ、「コンタクトレス・アプローチにたくさんのメリットがあるのはわかった。でも、果たして自分に(うちの会社に)できるのか?」と思われた方、どうかご安心ください。

次章では、コンタクトレス・アプローチの進め方について、順を追ってじっくりと説明します。

第2章

コンタクトレス・アプローチの進め方

コンタクトレスにも「人間関係」が必要

リアル訪問をやめて、WEB商談に切り替える。そう聞くと、多くの方が「何となくドライな関係になりそう」「ビジネスライクになっちゃいそうだな」と思うかもしれません。これまで暑苦しい人間関係が重荷だった人にとっては喜ばしいことですし、相手の「懐に飛び込む」ような付き合いで仕事を取ってきた人にとっては、不安材料となってしまうでしょう。

誤解を生まないように、まずお伝えしておきたいのですが、コンタクトレス・アプローチにおいても「人間関係」の構築は絶対に必要です。

考えてみてください。よく知らない営業の人から、あるときいきなり「今度、WEBでお話ししませんか？」などと言われたら、多かれ少なかれ不審な気持ちを抱いてしまうでしょう。突然WEBミーティングのURLが送られてきても、それをいきなりクリックする人は、少なくとも企業の担当者にはいないはずです。ましてや顔を出して行うミーティングや商談は、そのベースに確かな人間関係があってこそ可能になるのです。

リアルな営業においても、初対面ですぐに商品を売り込むようなことをすると嫌われます。足繁く通い、たいした用事がなくても顔を出して挨拶し、ときには手土産を持って立ち寄る。中元・歳暮は欠かさず、年の暮れにはカレンダーや手帳などのノベルティグッズを進呈する。接待でお酒や食事を共にする。そんなふうに「会う」回数を増やすなかで、親しみが増していきます。

これは「単純接触効果」と呼ばれるもので、人やものに対して何度も接触することで、しだいに好感度や評価が高まっていきます。アメリカの心理学者ロバート・ザイアンスが１９６８年に発表したもので、「ザイアンスの法則」という名前がついています。

繰り返し会ううちに打ち解け合って、「まあ、君が言うのなら検討してみようかな」「あなたが薦めるなら、よし、買おう」というのは実際よくあることで、言葉はいざ知らず、営業担当者はみんな、この効果に気づいています。

この段階になると、多少耳の痛い話をしても「〇〇君が言うなら」と受け容れてもらえます。営業の本質である「相手の考えを否定」したり、「相手の考えを超越」したりするような提言もできるようになります。このような人間関係を、これまでのような「単純接触」だけではなく、これからはコンタクトレスでつくっていかなければなりません。

新規開拓の場合は「はじめまして」から「顔を見せ合ってWEB商談をする」段階にまで、関係性を強めていく必要があります。その進め方について、本章では説明したいと思います。

ホームページはすべての営業活動の「HOME（基盤）」となる

企業のホームページは、まさに「HOME」。すべての営業活動の基盤となるものです。新しい会社の存在を知ったときや、営業担当者と名刺交換をしたあとなど、興味を持った際に人が必ずチェックするのがホームページです。

ホームページを持っていない会社は少ないかもしれませんが、つくりっぱなしで長らく更新していないというケースは多々あります。コンタクトレス・アプローチを始めるこの機会に、改めてホームページをしっかり整備しておきましょう。24時間365日、いつでも稼働してくれる活動基盤になるからです。

コンタクトレス・アプローチを推進していくとき、ホームページの中の「資料請求・問い合わせフォーム」を充実させるのはとても大切です。その目的はずばり、問い合わせ者のメールアドレスを手に入れること。つまり、営業のアタックリストを作成することにつながります。

簡単なアンケートや資料請求、情報提供などをフックにして問い合わせフォームへの入力を誘い、スムーズにメールアドレスを入手する仕組みは最低限つくっておくべきです。資料請求を促すために魅力的なプレゼント(冊子やグッズ)を用意してもいいでしょう。営業の役割からは逸脱するかもしれませんが、ホームページ全体のデザインやＳＥＯ（Search Engine Optimization：検索エンジン最適化）に関する戦略も併せて検討することで、より効果は高くなります。

また、不動産や自動車の販売などのように自社の扱う商品が「コンタクト＝お客様との直接の接触（現地視察や試乗）」をこれまで必須としてきたような場合は、ホームページ上に掲載する案内動画を充実させたり、オンラインでできるモデルハウス見学や試乗会の仕組みをつくったりしておくことが必要です。

コストも時間もかかりますが、ＶＲ（バーチャル・リアリティー）で体験できるようなシステムをつくることも考えてみるといいかもしれません。コンタクトレス・アプローチによって削減できた経費をこうした方面に振り分けるのは、アフターコロナの時代の企業戦略として正しいと思います。

コンタクトレス・アプローチ「4つのSTEP」

新規の見込み客に対してコンタクトレス・アプローチを行う際には、決められた手順に沿って進めることが大切です。

コンタクトレスで「ザイアンス効果」を生み出すためには、ある程度の時間と手間が必要なのです。

なんだ、やっぱり時間も手間もかかるじゃないか、とがっかりしないでください。リアルな営業活動にくらべてそうした時間や手間はかなり少なくできますし、それ以上のメリットとして、アプローチの数を大きく増やすことが可能になります。2〜3倍というレベルではなく、激増させられる場合さえあります。

ここからは4つの段階に分けて、その手順を説明していきます。

STEP1　認知（R：Recognition）
「△社の○○さんという営業担当者」と知ってもらう
▼
STEP2　信用（C：Credit）
「○○さんは、こういうことをやってきた人なんだ」と感じてもらう
▼
STEP3　信頼（T：Trust）
「○○さんの話なら、聞いてみようかな」
「△社ならきちんと対応してくれそうだな」と期待される
▼
STEP4　受容（A：Acceptance）
「○○さんになら会ってみたい（顔を見せ合って話したい）」と受け容れてもらう

この「RCTA」を私はコンタクトレス・アプローチの4STEPと呼んでいます。もちろん、すべてのアプローチが4STEPを必要とするわけではありません。相手や業種によってはメールや電話のあと、すぐに「じゃあ会いましょう」「WEB

商談しましょう」となる場合もあります。認知（R）からいきなり受容（A）にジャンプすることもあるでしょう。

それでは、STEP1の「R」から、詳しく解説していきましょう。

STEP1 認知（R：Recognition）

「△社の○○さんという営業担当者」と知ってもらう

何を売るにしても、まず「会社」および「商品」を認知してもらわなければ先には進めません。1人でも多くの方に存在を知ってもらう。提供している商品やサービスに気づいてもらう。

これは、営業担当者が1人でがんばってできることではありません。特に最初の段階では、会社全体での組織的な取り組みが必要です。

その最たるものがホームページの充実であることは前述しました。ホームページの問い合わせフォームを通じて手に入れたメールアドレスによるアタックリストが、ここで役立ちます。

メールアドレスが入手できれば、営業担当者は、投網を投げるようなイメージで一斉にメール配信を行えます。手間もコストもほとんどかかりません。コンタクトレス・アプローチはここから始まります。

併せて行っておきたいのが、メールを送る際の署名欄の情報を充実させることです。会社名、所在地、電話番号、所属部署、役職、名前、直通の電話番号または携帯電話番号、メールアドレスなど、初対面の名刺代わりに名刺と同程度の情報をテンプレート化しておきましょう。

メール配信は、送りっぱなしではほとんど効果はありません。電話番号がわかっている場合は、フォローコールでより「認知」を確かなものにしていきます。また、メールアドレスがわからない場合は、いわゆる「飛び込み」の新規電話営業も行います。会社の存在や取り扱っている商品・サービスを知ってもらう、そのための活動だと考えてください。

さらに、FacebookやTwitterなどSNS（ソーシャル・ネットワーキング・サービス）での情報発信も行いましょう。

「新商品をリリースします」

「大人気の定番商品をご紹介します」
「こんな悩みを解決できる商品です！」
など、とにかく多くの人に自分が扱っている商品やサービスを「見てもらう」「知ってもらう」。今は必要とされていなくても、いつか必要になるかもしれない。そのときのために地道に「認知」を広げておくのです。

新規開拓の大変さは、コンタクトレスでもコンタクトレスでも変わりません。安易で楽な方法はありませんから、コツコツと努力するしかありません。

ただし、ここで気をつけておきたいことがあります。この「認知」とは、それを入り口に「信用」や「信頼」を築き上げて、「受容」を目指すためのものです。ですから、この「認知」の段階で、そもそもの信用をなくすようなふるまいは厳禁です。

週に何度も同じような内容のメールを送る、迷惑がられても電話を繰り返す、電話での応対で熱が入りすぎて失礼な発言をしてしまう……。こういった行為は百害あって一利なしです。

地道な努力は必要ですが、ガツガツいくのもNG。SNSのダイレクトメッセージ機能でいきなり連絡するのも慎重にしたほうがいいでしょう。この辺りのさじ加減は難しいのですが、相手や状況に応じて臨機応変に考えていくべきです。

STEP2　信用（C：Credit）

「〇〇さんは、こういうことをやってきた人なんだ」と感じてもらう

アプローチ先に対して「名前を知ってもらう（認知）」ことができたと思ったら、次には「こういうことをやってきた人なんだ」と感じてもらうための「信用」を育みます。

メールや電話、SNSやブログなどで丁寧に発信を続けていく（認知）と、営業担当者の人柄や企業の姿勢が伝わり、「信用」が育ち始めます。頻度に気をつけながらも定期的に発信や更新をしていきましょう。継続は力なり、です。

もちろん内容も大切です。「この内容は自分自身や会社、商品の信用につながるかどうか」をいつも考えるようにしてください。

コンタクトレス・アプローチでは、コンタクトレスでありながら単純接触を増や

して親しみを持ってもらい、人間関係を構築していく必要があります。人間関係と言ってもさまざまですが、営業の仕事で必要なのは「顔を見せてもらえる」「内部事情を教えてもらえる」レベルの関係性です。そのためには、そろそろこちらの「顔」を相手に見せることを考えなければなりません。

そのための手段の1つとして、私はYouTubeの活用をお勧めしたいと思います。たとえば、自社の商品やサービス紹介を自らが行う動画を撮ってYouTubeにアップしておくのです。メールの署名欄にURLを貼っておけば、メールの内容を見て、商品に興味を持ってくださった方にご覧いただくことができます。また、SNSから誘導するという手もあります。

YouTubeへの「顔出し」動画のアップを勧めると、ほとんどの方が「それはちょっと……」と逃げ腰になります。「恥ずかしいから」というのが理由ですが、YouTubeにアップしたからと言って全世界にオープンになるわけではありません。限定公開という仕組みを使えば、URLを知っている人だけに見る人を限定できます。

仕事の一環としてやることなので、なにもYouTuberを目指そうというわけではありません。面白おかしくつくり上げる必要も、チャンネル登録数を気にする必要もありません。

長い時間だと飽きられてしまうので、1本の動画は5分以内におさめましょう。商品に関するQ&Aや、実際に使ってみてのビフォーアフターなどが内容としていいのではないでしょうか。何を提案したいのか、それにどんな価値があるのかが伝わればOKです。あまり凝ったものよりも、シンプルな方がいいと思います。

「信用」段階において大切なことは、さらに先の「信頼」や「受容」に進むために「積み重ねていく」というイメージを忘れないでいることです。小さくてもいいからプラスをたくさん重ねていくのです。

すぐには効果が現れないかもしれません。それでも、いつかどこかで誰かが「どういう会社なんだろう?」「どんな人がどんな商品を扱っているんだろう?」と思って調べたとき、きちんとした情報がいくつも出てくること、誠実な過去の蓄積(積み重ね)があることが重要なのです。

時間はかかりますが、WEB上にはすべてが実績として残っていくので、〝流した汗〟は決して無駄になりません。

STEP3　信頼（T：Trust）
「○○さんの話なら、聞いてみようかな」「△社ならきちんと対応してくれそうだな」と期待される

「信用」を着々と積み上げながら、より確かな「信頼」へと醸成していくのがこの段階です。

信用と信頼はどう違うのか？　ここでは、信用は「過去」や「実績」を信じること、信頼は「未来」を信じること、と定義させてください。「この人が、この商品が、自分たちにとってメリットのあるものを連れてきてくれるのではないか」という未来への期待を持っていただくということです。

期待され、頼りにされる存在になる。そのためには、「先生」のポジションにつかなければなりません。特定の分野についてはこの人に聞けば教えてもらえる。そう思っていただくことを目指します。

もっとも効果的なのは、セミナーの講師をやってみることです。もちろん、コン

タクトレスで行うWEBセミナー（ウェビナー）です。講義の時間は30分もあれば十分でしょう。

内容は業界の最新情報や自社商品の解説、類似品との比較や導入事例の紹介など、YouTubeよりは少し高度な話がいいと思います。講師はもちろん顔出しをしますが、見る側のカメラはオフなので、比較的気軽に参加してもらえます。質問はチャット機能で随時行うことができます。

場所を借りて行うわけではないので、参加人数を気にする必要はありません。数人でも集まれば十分です。視聴者側に、その人数が知られることもありません。

このセミナーは、受講費で儲けようとか、セミナー講師として有名になろうとかいう目的で行うものではないので、これまでセミナー講師の経験がない方でも気軽に取り組めると思います。

ただし、ご覧になった方から信頼され、頼られる「先生」にならなくてはいけません。取り扱っている商品、その業界全般についての勉強は必須です。同僚や上司の前で練習やリハーサルを行って、アドバイスを受けておきましょう。

YouTubeの動画なら配信前に編集することもできますが、生配信のウェビナーの場合は「そのまま」の素の自分を見せることになります。配信者の側にとってはプレッシャーですが、受講する側にとっては講師の「リアル」な様子がそのまま見られるので、「○○さんの話なら、聞いてみようかな」という「信頼」のための材料につながるはずです。

過去からの蓄積を信じてもらう「信用」と、未来への期待につながる「信頼」、この2つが重なり合い大きく育っていくことで、人間関係はより深く、より確かなものになります。

ここまで読んできて、「すごく大変だなあ」と思われた方もいるかもしれません。すべての新規顧客に対して、必ずこのような段階を踏んでアプローチしていくということではないので、ご安心ください。

コンタクトレス・アプローチにはスケールメリットという最大の魅力があります。一人ひとりに直に会う必要がないので、一斉に100人、1000人、いや、1万人に対してもアプローチできるのです。アプローチする数が多ければ、歩留《ぶど》まりは低くても見込み客として残ってくれる絶対数は多くなります。まったく脈のない相手にまで、信用を築け、信頼を与えられるようにがんばれと言っているわけではありません。

コンタクトレス・アプローチによって、これまでよりも多くの見込み客に必ず出会えます。その人たちに対して、集中的に働きかけていけばいいのです。

STEP4　受容（A：Acceptance）

「○○さんになら会ってみたい（顔を見せ合って話したい）」と受け容れてもらう

「一度ゆっくり話を聞かせてほしい」

「ちょっと個人的に相談したいんだけど……」

先方からそんなオファーが入ったら、ついに「受容」の段階にたどりついたということです。ここまで来れば、ＷＥＢ商談の準備は整ったも同然です。

ＷＥＢ商談で大切なのは、先方が「顔を見せてくれる」ことです。お互いに顔を出し合って、ＷＥＢ上で話を進めていく。取り繕った一般論ではなく、建前でもなく、「実はうちでは……」といった内部事情や、「正直なところ予算が不足している」

といった本音を引き出したい。何に困っているのかの詳細を知りたい。そうすれば、こちらから提案できる内容の確度も高くなります。腹を割って話せるような間柄になることが理想です。「うちの会社のことをもっと知ってくれ」「もっと深くかかわってほしい」と言ってもらえるようになりたいのです。

モノやサービスを売る側と買う側という関係を超えて「同志」になる。それが、コンタクトレス・アプローチによって目指すゴールです。

ここまで関係が深くなり、期待が高まると、「あなたとなら直接会いたい」と言われるようになるかもしれません。ここで、いとも気安く出かけていってはせっかくのコンタクトレス・アプローチが台無しですが、絶対に会ってはダメということではありません。会うことが絶対的な価値を持つようなタイミングだと判断したら、会う。そうでなければ会わずにコンタクトレスで対応する。

ずっと社内にいて決して会わない「インサイドセールス」とは違うのです。せっかく信用され、信頼され、受容されたのに、決して会えないとなったら、「あぁ、あなたはコールセンターの人なんだね」「電話営業専門の人だったのか」と思われて、この先の商談が進めにくくなるでしょう。

4Eがあるので安易には会わないけれども、いざというときには会うことも厭《いと》わない。時と場合、相手と商品を考えて判断するのです。「会う」か「会わない」か迷ったときには、それぞれの価値をシンプルに比較してみましょう。そうすれば、自ずと答えは出るはずです。

アナログで行う
コンタクトレス・アプローチ

コンタクトレス・アプローチという言葉の響きから、ITを使って行うもの、すべてWEB上で行うものと思われるかもしれませんが、「認知」のところで電話によるフォローについて述べたように、アナログなアプローチ方法の価値も忘れてはいけません。

新規顧客の開拓には電話が有効なアプローチ方法でしたが、「信用」「信頼」のフェーズに入って以降は、「はがき」によるアプローチをお勧めしたいと思います。私たちの会社では「顧客創造葉書道」と名づけて、積極的に推奨しています。世代を問わず「ＩＴの時代に、はがきが届いた」という新鮮な驚きとともに受け取ってもらえますし、先方がアナログ世代なら、なおさらその効果は高くなります。

はがきを書いてみようという方に、「顧客創造葉書道」として、５つの心得を記したいと思います。

1. 誰にでも出すな――この人（企業）と思える相手にのみ出す。「あなたとお付き合いしたいんだ」というラブレターのような気持ちで。
2. 1日にたくさん書くな――10日に一度、10枚書くなら、毎日1枚書く。心を込めて、丁寧に。字は下手でいい。下手がいい。
3. できるだけ早く出す――相手の記憶に残っているうちに出す。こちらにとって魅力的な人（企業）は、他の人（企業）にとっても同じ。うかうかしていると、取られてしまう。
4. 相手に合わせて文章を変える――定型文では想いは伝わらない。「拝啓」「敬具」「前略」などはいらない。形式ではなく、中身で勝負。

5. 切手に気を配る――記念切手や季節に合わせた切手を貼る。相手によって使い分けるのもよし。どうせ同じ63円。ちょっとした心遣いで、その63円が活きる。

年賀状も暑中見舞いも、今ではほとんどが省略されたりメールでの挨拶に代わったりしています。そんな中で届く直筆のはがきは、思った以上に相手の心に届くことがあります。まだまだアナログな人、何でもＩＴやＷＥＢなどにシフトすることに抵抗がある人はたくさんいます。そのことを営業担当者は決して忘れずにコンタクトレス・アプローチを増やしていくべきなのです。

さて、ＷＥＢ商談に向けての準備は十分に整いました。次章では、ＷＥＢ商談のシーンごとのノウハウをお伝えします。

第3章

WEB商談を成功に導くパーフェクト・ガイド

コンタクトレス・アプローチの現場より

新型コロナウィルス感染拡大の予防策として、厚生労働省が集団感染を防ぐための注意喚起を行ったのは2020年3月1日。3月中旬には「全国クラスターマップ」が公開されて「3つの密を避ける」ようにという呼びかけが始まりました。

その後もコロナ危機は、収まるどころかどんどん拡大していきました。新聞の見出しなどに「テレワーク」や「リモート」の文字が毎日のように散見されるようになったのは、4月半ば頃だったと思います。

すでにテレワーク対策を進めている企業、まだまだ手つかずの企業などのばらつきがある中、4月7日に7都府県に緊急事態宣言が発令され、いきなりその翌日や翌週くらいから、多くの企業でテレワークが導入されました。それに伴い、さまざまな問題点、課題が浮き彫りになってきたのは、読者の方もご存じの通りです。

私が代表を務めるＮＩコンサルティングでは、序章で述べたように環境問題が世界的に取りざたされるようになった２００９年頃から、エコロジーをより意識した営業手法として、非訪問で行うＷＥＢ商談を取り入れてきました。

今回のコロナ危機を受けて、さまざまなビジネス現場で営業担当者が「会わない」「接触しない」方向への切り替えを慌てて検討し始めた頃、私たちはすでに行っていた「コンタクトレス」による営業を加速させる方針を決め、すぐに実行に移しました。現在も、20代から50代までのすべての営業担当者が、ＷＥＢ商談による営業活動を進めています。

多くのビジネスパーソンが突如、向き合わざるを得なくなったＷＥＢ商談。これを円滑に進めるためのノウハウについて、私たちには一日の長があります。

本章では、当社の営業担当者の日々のコンタクトレス活動から抽出した多くの現場の声を拾い上げ、その知見を集約したものを「事前準備」から「アフターフォロー」まで、順を追って紹介します。

今後の営業活動をＷＥＢ中心に切り替えていこうと考えている経営者の方、初めてＷＥＢ商談に臨む営業担当者の方をはじめ、あらゆる方にとってのＷＥＢ商談の「パーフェクト・ガイド」になればと思います。

事前準備①　自分たちで考えておくべきこと

ＷＥＢ会議ツールを選ぶ

現在、ＷＥＢ会議の際によく使われている代表的なツールは、次の５つです。

・Cisco Webex Meetings
・Google Meet
・Microsoft Teams
・Skype
・Zoom

当社は現時点では、ウェビナー機能がありセミナー開催が容易なZoomまたはMicrosoft Teamsを使っています。ここに挙げた大手の定評のあるツールであれば、どれを選んでも問題はありません。現在使っているものがあり、特に不満がない場合は続けて使用し、何かしら不足がある場合にはそれを満たすものを探して変えてみるのもいいでしょう。

サービス内容によって費用は変わります。どんな機能が必要なのか、あるいは必要ではないのか。実際に使用する営業担当者の意見も聞きながら、経営側が判断していけばいいと思います。

商談相手が「これでお願いしたい」と、自社で使っているものとは別のツールを指定してくるケースもあります。そのツールがまったく知らないものである場合は、商談当日を迎えるまでに使い方を練習しておくと安心です。

WEB商談の環境を整える

☑通信状況が良好な静かな場所で実施する。
☑PCの充電の確認。

☑音声やビデオが正常に動くかどうか事前にチェックする。
☑緊急時のために、相手の電話番号を確認しておく。
☑画面への背景の映り込みをチェックする。

白宅から行う場合もそうではない場合も、最低限確保しておきたいのは「途中で声が途切れたり音声のずれが発生したりしないようなネットワーク環境」と「お互いの声がストレスなく聞き取れる静かな環境」です。
実際にやってみるとわかるのですが、うまく聞き取れなくて何度も聞き返すはめになったり、相手の声がブツブツと切れてしまったりすると、それだけで気持ちがそがれてしまいます。「やっぱりWEBではうまく進まないね」という印象を持たれないように、環境の整備には十分に気をつけたいところです。

パソコンを手に、WEB商談場所に移動するケースも多いと思います。移動した場所で電源がない場合もあるかもしれません。そのため、パソコンの充電も忘れずに行っておきましょう。また、使い慣れている場合であっても、音声やビデオが正常に動くかどうかはその都度確認します。始まってから不具合があって焦ってしまうと、肝心の商談に集中できなくなってしまいます。

とはいえ、どんなに完璧に準備をしたつもりでも、途中で通信状況が悪くなることは起こり得ます。そんな事態に備えるために現場の担当者が必須事項に挙げたのが、「相手の携帯電話の番号を確認しておく」ということです。トラブルが起こった際にはすぐに電話をかけて状況を把握し、場合によってパソコン画面は資料の共有や顔を見せ合うことに使い、音声はそのまま電話で行うというやり方に切り替えます。

こちらの携帯電話番号も必ず伝えておいて、「何かあったらすぐに電話してくださいね」という一言も添えておきましょう。

もう1つ、うっかりしがちなのが背景への映り込みです。社内で行う場合には、社外秘となるような情報が映っていないか注意が必要です。自宅から行う場合も、見られたくないプライベートなものが映り込んでいないか確認しておきましょう。「干している洗濯物が映っていた！」という失敗なども多いようです。背景画像を設定する機能もありますので、事前に確認しておきましょう。

ＷＥＢ商談を始める前の環境整備は、毎回必ずきちんと行うことが大切です。会社に来客がある際に、お客様がいらしてから会議室を掃除する人はいないはずです。ＷＥＢの場合、最初の緊張感が薄れてくると、つい油断して気を抜いてしまうことも起こりがちなので、十分に注意しておきたいところです。

カメラに映る姿を意識する

☑対面商談と同じく、清潔感がある服装と髪型で。初対面の場合は特に重要。
☑リラックスしたにこやかな表情で。
☑顔が暗くならないように卓上ライトを自分に向けて、明るく映るようにする。

営業とは、相手の顔色をうかがうのが仕事だ、と第1章で述べました。ＷＥＢ商談においてもそれは同じで、相手の顔を見ることが大切な要素になります。と同時に、こちらの営業担当者もはっきりと顔を見せなければなりません。その際に大事なのが「清潔感」「不快感を与えない工夫」「明るい印象」です。

服装を「仕事」にふさわしい恰好《かっこう》に整えるのは当然です。業種によって許容ラインはさまざまでしょうが、判断の基準は「リアルで会える恰好かどうか」です（少なくともWEB画面に映る上半身だけでも）。それに加えて「髪型」がWEBでは案外気になるという話を耳にします。ひどい寝ぐせや乱れた髪型のままでお客様の前に出ることのないように気をつけたいものです。

また、パソコンの画面に向かって自然な笑顔を見せるのは、なかなか難しいかもしれませんが、それでなくても画面上ではリアルにくらべて何となく「固い」表情に見えてしまいがちです。相手を緊張させないためにも、まずはこちらがリラックスして、できるだけニッコリ微笑むように心がけましょう。

その他には、照明の位置も大切です。顔が暗く見えるのは、マイナスイメージになってしまいます。何度かテストをして、顔が明るく見える位置に照明をセットしてください。

卓上ライトを〝女優ライトの要領〟で顔に当てて明るく映るようにしているという女性の営業担当者からのアイデアもありました。カメラの画質がよすぎるとアップにしたときに毛穴まで見えてしまうという声もあり、気になる方はチェックしてみてください。

カメラに映る自分の姿を見るのが恥ずかしいと感じる人も多いようですが、こればかりは慣れるしかありません。また、自分の印象を自分で冷静に判断するのは難しいので、社内でお互いに映し合って、気になるところなどを教え合い、修正していくといいでしょう。

商談資料の事前準備

☑商談の前に参加者全員にメールで資料を共有しておく。
☑その日の課題やポイントを明確にし、アジェンダを作成・共有する。
☑画面共有をする可能性のあるものはすべて事前に準備をして、すぐに映せるようにしておく（資料やWEBカタログ、デモサイトなど）。
☑パソコンのマウスのポインターサイズを大きく、わかりやすくしておく。

WEB商談は、短めの時間で行うことをお勧めします。特に最初の段階では長くても1時間程度が無難です。パソコン画面を眺め続けるのは集中力が必要なので、長時間になると疲れてしまいます。短い時間で効率的に行えるのがWEB商談の大きなメリットであったことを思い出してください。

それを十分に活かすためには、始まってからあたふたしないような準備が必要です。「当日必要な資料を参加者全員で事前に共有しておく」のも、その1つです。また、より確実に見てもらえるように、商談に必要なページや箇所などをわかりやすく明示しておくといいでしょう。

同時に、「アジェンダを作成して、その日に話し合いたい、あるいは伝えたい要点を明確に」しておきます。これを共有することで、先方が問題点や質問などをあらかじめ準備することができます。

商談中に、事前に送った資料について説明する必要が生じるかもしれません。画面共有をしながら伝えたいポイントを念押しできるような頭の整理、トークの練習も必要です。

また、「画面共有で見せたい資料はパソコン内のフォルダからさっと取り出して、すぐに映せるようにしておく」とスマートです。細かいテクニックですが、「パソコンのマウスのポインターサイズを大きくわかりやすくしておく」と、どこの説明をしているのかが伝わりやすくなります。

5分前にスタンバイする

☑開始時間の5分前にはURLにアクセスしてスタンバイする。

リアル訪問の場合でも、「5分前到着は営業担当者にとっては当たり前のこと」です。お客様をお待たせしない。無駄な時間を使わせない。これはWEBの場合にも同じです。

特に参加者が複数の場合は、ホスト側（WEB会議を招集した側）は、それぞれのリクエストを待って全員の参加を許可する必要があります。自分がホストの場合はお客様を必要以上に長く待たせることがないように時間の余裕をみておくと安心です。

WEBツールや電波の状況などによっては、URLをクリックしてから入室までに時間がかかる場合もあるので、留意してスタンバイの時間を考えましょう。

事前準備② お客様に対して行うこと

お客様の準備を促す

☑招待メールを送るタイミングは2回。
1回目は、商談日時が決定した直後（確実に予定に入れていただくため）。
2回目は、前日の午後、もしくは当日の朝一に送る（リマインド）。
☑慣れていない方には使い方や仕組みについて事前に説明を。

招待メールの出し方は、相手がWEB商談に慣れているかどうかで対応を変える必要があります。まったく初めてという場合には、相手がほんの少しでも不安を抱かないように（つまり、不安を理由に商談自体を断られることがないように）、こまやかな言葉かけが必須です。

招待メールは、原則、2回送ります。

まずは、電話やメールなどでWEB商談を承諾いただけたら、すぐのタイミングで送ります。先方のスケジュールを押さえるという意味合いとともに、日時についてお互いの認識に齟齬《そご》がないかの確認にもなります。

2回目は、WEB商談の前日の午後に「明日、○時からよろしくお願いします」というリマインドの意味を込めて送ります。商談の開始時間が午後なら、当日の午前中でもいいでしょう。その際に、「商談資料の事前準備」のところのチェックリストに挙げたようにアジェンダを添付すると、先方の準備も促すことができます。

先方担当者がWEB商談に慣れていない場合は、「安心して利用できる」「自分でも利用できる」と納得してもらうことも重要です。「音声は電話でも可能です」「当日わからなければ、電話しながらログインのご案内をしますね」などと伝えて安心してもらうようにしている営業担当者もいます。

とにかく「面倒だなあ」「おっくうだなあ」と思わせないように丁寧なケアが必要です。また、「WEBで実のある商談ができるの?」と懐疑的な方に対しては、画面共有ができることなども伝えて、商談の質に対する不安を払拭《ふっしょく》しておくことも大切です。

メールだけのやり取りで商談前に1回も会話をしたことがないという場合は、電話番号の確認もかねて電話でご挨拶をしておくのもお勧めです。その際に「WEB商談への不安」などがあれば聞き出して、解決しておきましょう。

商談相手の参加者情報を把握

☑初めての方の場合は「名刺交換ができないので、その代わりに……」と断って、自分の名刺情報（メールの署名）をあらかじめ送り、そのタイミングで相手の担当業務を確認する。

☑参加者の人数、名前（読み方）、役職を可能な限り事前に把握しておく。

☑先方の参加者を踏まえ、必要に応じて上司の同席を促しておく。

☑相手が複数の場合は、それぞれ別のパソコンからアクセスしていただくようにお願いをする。

「WEBでは名刺交換ができないので、どうしたらいいでしょうか？」——他社の方からこういう質問を受けたことがあります。新型コロナウィルス感染予防対策として政府が提言した「新しい生活様式」の中には、「名刺交換をオンラインで行う」という項目がありました。

しかし、私に言わせれば「オンライン名刺交換」はナンセンスです。わざわざアプリを使ってまで「名刺の形状のもの」を交換する必要はありません。商談に必要なのは名刺に記載されている情報です。

・名前
・会社名
・会社の住所、電話番号
・所属部署、肩書
・メールアドレス
・携帯電話番号

これらの情報がわかりさえすればOKです。

こちらからも、これらの情報を相手にきちんと伝える必要があります。そのためには、メールの署名欄に右記の情報を明記しておきましょう。自分の情報をお伝えしたうえで、相手の方にも教えていただくようにします。ビジネスでのお付き合いですから、教えてもらえないということはないはずです。

会社の基本情報はホームページなどで確認できますが、個人の所属部署（どういう内容の商談を求めているのかを推測するための情報）や肩書（どこまでの決裁権を持っているのかを推測するための情報）は、聞いてみないとわかりません。

また、WEB商談ではリアル商談以上にお名前を呼びかける場面が増えるので、名前の正確な読み方も必ず確認しておくことが大切です。

事前にメールのやり取りをしていない人がWEB商談に参加されるようなケースもあるので、その場合には、WEB会議ツールの背景画像に情報を記載したり、QRコードを表示させたりして、相手が情報を読み取れるようにすることも可能です。

WEB商談のメリットの1つとして、上司の同席が比較的容易であることが挙げられます。リアルで同行するとなると、スケジュール調整などもあり大ごとになってしまいますが、WEBの場合ならその時間が空いてさえいればOKです。先方の参加者の顔ぶれがわかったら、必要に応じて上司や先輩、関係部署の担当者などにも参加を要請しておきましょう。

なお、相手の表情が見えないと、商談を円滑に進めることができません。複数参加の場合に1台のパソコンをシェアされてしまうと、顔が見づらくて反応が読みにくくなります。1人ずつ別のパソコンからのログインをあらかじめお願いするといいと思います。

WEB商談がスタートしたら

WEB商談の始め方

☑最初に参加者全員の名前を呼びかける。
(目的：音声テスト、参加者の確認、参加者が発言に慣れるように)

☑もしも相手の声が聞き取りにくい場合は、音声は電話でつなぐ方式に切り替える。

☑相手がWEB商談に慣れていないなと思ったら、背景などをネタにアイスブレイクとして雑談を行う。
☑本日の目的やアジェンダを発表し、参加者全員で共有する。

まずはみなさんのお名前を呼びかけて参加のお礼を述べながら、お互いの声がきちんと聞こえているかの確認を行いましょう。ボリュームの調整の仕方、イヤホンの利用などについても案内します。「聞き取りにくい」ままで話を進めてはいけません。どうしても音声が改善されない場合は、音声のみ電話に切り替えます。

WEB商談の場合は、普段なら行うような「今日は暑いですね」「最近どうですか？」といった、いわゆる世間話、雑談は基本的には無用です。そういう時間を省いて効率を上げることができるのがメリットの1つです。

ただし、商談中は相手にも積極的に発言していただきたいので、「口をほぐす」程度のアイスブレイクは行った方がいいでしょう。「今日はどちらからご参加ですか？」と今いる場所を聞く、背景に部屋の様子が映っている場合は「○○がありますね、お好きなんですか？」と質問をしてみるなど、当社の営業担当者も相手に応じて工夫をしています。

その後、自分がホスト側のときは、「今日はこういう目的のためにお時間を頂戴しました。終了予定は○時頃です」と簡潔に伝えて商談をスタートさせます。

自己紹介・会社紹介を行う

☑リアル商談のとき以上に丁寧に行う。
☑聞き取りやすいスピードで、いつもよりゆっくり話す。
☑「えー」「あー」などの口ぐせに注意!

「自己紹介、会社紹介はリアル商談以上にしっかりと丁寧に」行います。リアルにくらべて五感で感じる情報量が少なくなるので、それを補うことを意識して話すようにしましょう。とはいえ、あまり長くなるのは聞いている方にとっては退屈なものです。今後商談を進めるにあたって必要な項目を整理して述べ、人柄に親しみを持ってもらえるようにすると、なおいいでしょう。

自己紹介のときはもちろん、発言の際にはリアルで会っているときよりもゆっくりと話すことを心がけてください。また、話の途中に「えー」「あー」などの無意味な言葉をつい挟んでしまう癖のある人は気をつけてください。WEBでは普段より目立ってしまいます。

また、自己紹介、会社紹介ともにYouTubeなどの動画を活用するという手もあります。短く簡潔にまとめたものを見せることで、WEB商談ならではの画面共有を最大限に活かした説明ができます。

「伝える」ためのポイント

☑いつもよりゆっくり話す。
☑一文を短く話す。
☑いつもより大きく動く。
☑説明時の自分の表情を意識する。
☑デモやプレゼンはゆっくり行う。声と操作の同時はNG。

☑意図する画面が相手側に見えているかどうか、その都度確かめながら行う。

声の伝わり方には、若干のタイムラグが発生します。相手の反応を確認するためにも、普段よりゆっくりと話をすること、そして、1つの文は長くなりすぎないことが大切です。パソコン画面に集中して話を聞くというのは、結構疲れるものです。ぼそぼそ声や長い話で相手を必要以上に疲れさせてはいけません。

画面には、自分の顔も映ります。それを確認しながら、相手にきちんと伝わるように、うなずくなどのしぐさや表情をやや大げさにします。「今、考えています」ということを表したいときは顔に手を当てる、「OK」のときは指でOKサインをつくって見せる。「ありがとう」を伝えるときには手を合わせる、お辞儀をするなどのジェスチャーをつけているという営業担当者もいます。嬉しいときは嬉しそうに笑う。笑顔もはっきり見せましょう。

また、画面共有で動画などをご覧いただく場合は、その間はなるべく声を発しないようにします。操作をしながら説明をすると、ついてくることができない人もいるので、注意が必要です。ただし、画面がきちんと見えているかどうかの確認は行いましょう。

WEB商談における基本マナー

☑一方的に話さない。
☑適宜、質問を挟み込む。
☑参加者が複数の場合は、自分が話さないときはミュートにする。
☑会話をするタイミングを見計らう（同時に発言すると聞き取れない）。

リアル商談の場合は、相手が何か話したそうにしているときには、気配が感じられるものですが、WEB商談では若干のタイムラグもあり、それをつかむのが普段より難しくなります。

同時に発言してしまうと、お互いの声が重なって聞き取ることができなくなるので、「相手が話そうとしていないか？」を常に確認しながら自分が話すタイミングを考えてください。

基本的には相手が話しているときには、聞くことに専念します。どうしてもカットインして発言したいときは「その件について、ちょっとこちらから話してもいいですか」と、発言権をもらってから話すようにしているという、当社の社員の声もありました。

商談の中身にもよりますが、こちらからの説明をまずは聞いてもらうという場合には、途中で「ここまでにご質問はありますか」「ご不明点はありませんか」などの問いかけを挟んだり、名前を呼んで「〇〇さん、ここまでは大丈夫ですか」「〇〇さん、聞きづらい点はありませんか」といった確認を入れたりしながら進めるといいでしょう。

こちらが話しているときには、相手は質問しづらいものです。疑問点を丁寧にすくい上げて、その都度解決することが大切です。

参加者が複数の場合は、さらに注意が必要です。複数の声が重なってしまうと、まったく聞き取れなくなってしまいます。それが何度か続くと、今度はみんなが遠慮して発言をしなくなってしまうことになりかねません。

そうならないように、人数が多い場合にはあらかじめ「自分が話さないときは音声をミュートにしておく」というルールを決めておいてもいいかもしれません。

自分自身がホストの場合は、複数の参加者すべての方から意見や質問を受けられるように司会役となって場を仕切り、順に発言を促します。取りこぼされる人が出ないように、十分に気配りしてください。

WEB商談の質を高めるために

WEB商談ならではのメリットを活用する

☑チャットの活用。
☑画面共有の活用。

WEB商談ツールの便利な機能の1つに「チャット」があります。チャットを活用する場合は、打ち合わせの初めに簡単な質問を用意して、それに答えていただくなどのやり取りを行っておくといいかもしれません。何か質問があるときには、いつでもチャットに書いてくださいと伝えておけば、こちらの話をさえぎられずに質問を受けることができます。

リアルの場合でも、わざわざ発言してまでは聞かないけれども、メールでなら聞きやすいということがあります。それと同じで、チャットの方が飾らない本音が見えることもあります。

また、画面共有ではパワーポイント資料の他に、動画や写真なども見ていただくことができます。耳で聞いただけではわかりにくいカタカナのキーワードの説明や業界の専門用語なども、画面上に文字で見せることによって、より深い理解を促せるでしょう。

画面共有の際もタイムラグがあることを前提に、画面を切り替える際には1拍おいて行うようにします。相手側のネットワーク環境はさまざまなので、あまり頻繁に画面を切り替えたり、操作を多くしすぎたりしないようにしましょう。画面を共有する際には社外秘の資料など、相手に見られてはいけない画面を表示しないように十分に気をつけてください。

WEB商談の終わり方

☑決定事項(進捗状況)を確認する。
☑参加者全員に「言い残したことがないか」を確認する。
☑次回までに解決すべきお互いの課題を確認する。
☑次回会議の日時を設定する。

予定していた終了時間が迫り、そろそろ話も出尽くしたなと思ったら、商談をいい形で終了させたいものです。「いい形で」というのは、次につながるように、ということです。

また、その日に話した内容をお互いが理解・共有できているかの確認も重要です。チェックリストに挙げたように、「今日はこのようなお話をして、こういうご意見をいただき、ここまで進みました」という決定事項と進捗状況の確認、「ご意見、ご不明な点などつけ加えることはありませんか?」という確認もしておきましょう。

そして、「次は、こういう話がしたい」「次までにこういうことを検討してほしい」

など、次回に向けてのお互いの課題を確認します。可能であれば、次回のWEB商談の日程もその場で押さえてしまうといいでしょう。

「WEB商談には余韻がない」という声を現場からよく聞きますが、実際にその通りです。各自が「退室」したとたんに画面からパッと消えてしまうのですから、仕方ありません。もちろん、ホスト側は最後の1人が退室されるのを待ってから、自分も退室するようにします。

WEB商談が終わったら
アフターフォローで好印象を得る

☑お礼を伝える。
☑その日の商談内容の決定事項、次回のアクションを整理してサマリーメールを送る。
☑説明で使った資料で事前に送っていなかったものがあれば送る。
☑「顧客創造葉書道」で、御礼葉書を送ってみる。

これは普段の営業活動と同じです。お時間をいただいたお礼を伝えるとともに、その日の内容を簡潔にまとめたものを共有しておきます。お客様側が上司などに報告する際にも役立てていただけます。

まだ送っていない資料や、話題には出たけれど時間が足りずに紹介できなかった資料などは、メールに添付して送ります。

先方からいただいた課題・質問・疑問がある場合には、それらを整理して、いつまでにどのような形で回答するという連絡もしておきましょう。

また、住所や役職もわかったことですから、「顧客創造葉書道」で、御礼はがきを送ってみるのもいいでしょう。WEB商談に加えて、アナログな営業も実施できます。

次回への戦略を練る

☑すぐに上司やチームへのフィードバックを行う。

リアル商談で上司や先輩と同行した場合には、営業先からの帰り道の電車の中やカフェなどに立ち寄って、すぐに商談の振り返りをすることが多いと思います。「どんな感触だと思いましたか？」「あの説明は、どうしてあんなふうに？」など、記憶が新しいうちに確かめられることは、今後の商談の質を高めることにつながります。

また、新人や後輩の営業担当者にとっては、上司・先輩から営業手法についての学びを得る機会にもなります。

ＷＥＢ商談の場合でも、フィードバックの時間は確保するようにしましょう。

ＷＥＢ商談トラブル「傾向と対策」

商談の途中で通信が途絶えてしまった！

▼対処方法：すぐさま電話をかけてフォローする。

どんなにしっかり準備をしていても、通信トラブルをゼロにすることはできません。もしも商談の途中で音声が切れてしまったり、まったく聞こえなくなってしまったりした場合は、直ちに電話をかけて話を続けます。

「直ちに」というのが、重要なポイントです。相手を一瞬たりとも不安（あるいは不快）にさせない。「これだからWEB商談はイヤなんだよ」などと、みじんも思わせない。

そのためには、事前準備のところで述べたように、WEB商談相手の電話番号をあらかじめ入手しておくことが必須です。自分の手元に電話を必ず置いておくことも忘れずに。

先方が訪問を激しく希望してくる

▼対処方法：丁寧にメリットや使い方を説明しながら「慣れて」もらうこと、そして「案外便利だね」と実感してもらうための働きかけを行う。

先方がＷＥＢ商談をかたくなに拒否するケースには、それぞれの理由があると思いますが、頭から否定してくる場合には「ＷＥＢ商談に苦手意識を持っている」ことが考えられます。

いつの時代にも「新しいツール」に対する拒否感を覚える人は一定数存在します。そんな場合は、無理強いすることなく、丁寧にメリットや使い方を説明しながら「慣れて」もらうこと、そして「案外便利だね」と実感してもらうための働きかけが大切です。

当社のある営業担当者いわく、「わかりました！」とまずは快諾しておいて、「その訪問の質を上げるために」という理由で事前のＷＥＢ商談を承諾させることに成功した経験があるとのことです。実際に体験してもらうことでＷＥＢへの抵抗感を減らせるので、案外、先方から「じゃあ次もＷＥＢで」となるそうです。

「会いたい」と言われて、すぐに飛んでいくのではなく、「会う」ことを前提にしながらもＷＥＢ商談を体験してもらうというのは、優れた作戦だと思います。

場所がない（ＷＥＢ商談ができる機材はあるが、静かな場所がない場合）

▼対処方法：社内にＷＥＢ商談ブースの設置の働きかけをしましょう。

実際にやってみるとわかりますが、ＷＥＢ商談ツールのマイクは広い範囲の音を拾います。そのため、オフィスの自分のデスクで行うのは難しい場合があります。いちばんいいのは社内の会議室を利用することですが、会議室の数に余裕がない場合は、予約が取れないこともあるでしょう。

公衆電話ボックスの大型サイズのようなブースも商品化されています。そういったものをオフィス内に設置することを検討してもらえるように、社内で声を上げてみてはどうでしょうか。

当社では、ＷＥＢ商談が増えて会議室や応接室が埋まってしまうことが多くなったので、苦肉の策で倉庫スペースを整理して机と椅子を入れて「簡易ＷＥＢ商談ブース」をつくりました。これがちょうどいい塩梅の空間で、思った以上に集中できると好評です。

それでも、予約が重なってしまうことも増えたので、ＪＲ東日本の「ＳＴＡＴＩＯＮ

WORK（ステーションワーク）」というボックスタイプのシェアオフィスも法人契約しました。15分250円で使えるので、設置されている駅に近い企業であれば、補完的な位置づけとして便利だと思います。

今後、このようなサービスも増えていくでしょう。

WEB商談で大人数に対してプレゼンを行うことになった！

▼対処方法：司会者を立てて、それぞれの意見や質問はなるべくチャットでもらうようにして、疑問点を置き去りにしないようにフォローしながら進める。

参加者それぞれが別のパソコンからアクセスできるのであれば、WEBでの大人数の意見交換は難易度が高いので、チャットを効果的に活用し、司会者が都度拾うという進め方をお勧めします。また、こちらが話している間は、聞き手には音声をミュートにしてもらい、発言の際は指名してミュートを外します。疑問点をそのままにしないようにフォローしながら進めましょう。

また、Zoomのウェビナー機能のようなものを使ってセミナー形式で行うこともできます。

複数のキーマンが参加する商談で、相手が意見の相違で揉め出した！

▼対処方法：静観するしかありません。ただし、その内容は情報の宝庫です。

相手側の方たちの「内輪揉め」を解決することは、こちら側にはできません。これはWEBだからというわけではなく、リアルの場合でも同じです。

ただし、営業的に考えると、目の前で揉めてくれるという状況は、内部情報を手に入れる絶好の機会です。「この人とこの人の意見が対立している」「社内的にパワーがあるのはこっちだな」という社内事情や人間関係が明らかになりますし、ときには「この人は、日和見だな」「とりあえず何でもまずは反対するタイプだな」というようなことまでわかります。それらの情報を元に、次回の戦略をより効果的に立てることができるわけです。

「WEBかリアルか」――それは問題ではない

「大事な話なんだから、どうしても会いに来てくれ」

「会わないのに契約なんてできないよ」

こうしたお客様からの声は、これまではある意味で当然でした。「営業は足で稼ぐ」という言葉が表すように、「訪ねる」「会う」ことに価値があると考えられてきたからです。

今でもメールでの連絡などで「本来であれば、お会いしてお願いをするところ……」と詫びる文言を見かけますし、携帯電話で連絡する際に「電話で恐縮ですが」というような言葉を添える人も少なくありません。

WEB商談を「手抜き」のように感じる人たちがまだまだ多いのも事実なのです。

ここで大切なのは、WEB商談は仕方なく行うものではなくて、「WEB商談に価値がある」から行っているということに、自らが自信を持つということです。そのうえで、先方からの「どうしても会いたい」という要望にどう応えるかを考えましょう。

そのとき、もっとも大事なのは、「会う」「会わない」を決める主導権を自分のものとから手放さないということです。先方が「来い」と言うから飛んでいくのでは、単に便利な御用聞きになってしまいます。

WEBかリアルか？――熟慮したうえで「会う」という判断をする場合もあるでしょう。ただし、その場合はもったいつけて行くようにしてください。

「行くのはいいですけど、その代わり決めてくださいよ」

それくらいのことを言ってみてもいいと思います。常に「舵は自らがとる」という意識が必要なのです。

実際にどうしてもリアルに会わざるを得ないこともあります。「契約書の押印」や「商品を直接見たい」というような場合です。こうしたケースを今後コンタクトレスでどう対応していくかについては、会社全体で検討し、1つずつ解決していくことが必要になります。

第4章

コンタクトレス・アプローチでビジネスモデルが変わる

広がりつつある新しい雇用制度

世界中に混乱をもたらしたコロナ禍の中で、日本企業のビジネスモデルにも大きな変化が起きつつあります。テレワークという働き方の定着に向けて、雇用制度にも新しい動きが広がっています。

その1つとして注目されているのが「ジョブ型」と呼ばれる雇用形態への移行です。「ジョブ型」というのは、社員に対して職務内容をあらかじめ明示し、勤務時間ではなく、職務の達成度を評価するというものです。資生堂や日立製作所などの大手企業がいち早く導入を決めたことが大きな話題になりました。これにより、これまでは時間管理をベースとしてきた労務管理のあり方も、大きく変わることになります。

また、脱グローバル化という動きも見られます。今回のコロナ危機では一時的に国際物流が寸断され、生産拠点の国内回帰が進む可能性も指摘されています。大なり小なり、あらゆるビジネス現場が変革を迫られていると言っても過言ではないでしょう。

本書の前半（第1～3章）では、現場の営業担当者の混乱や困惑への「解」として、コンタクトレス・アプローチの実践例を紹介しました。

本章では、もう少し視点を高く上げて、ビジネス環境をとりまく変化に注目してみたいと思います。現場でコンタクトレス・アプローチに取り組む営業担当者を後押しするためにも、ビジネスモデルそのものの転換を検討する必要があるからです。

一気にペーパーレス化を進めよう

多くの企業が突然テレワークを始めたことで、浮き彫りになった課題がいくつかありました。

その1つとして注目されたのが「ハンコ問題」です。自宅で仕事をすることが推奨されているのに、上司のハンコをもらうためだけに出社しなければならない。上司の方も、決裁のハンコを押すためだけに出社を強いられる。新聞や雑誌の特集記事には「テレワークを阻害する日本のハンコ文化」「ハンコは命より大切か」などという見出しが並びました。「ハンコのためだけに出社するなんて馬鹿らしい」と思われた読者の方も多かったことでしょう。

企業という組織の中で営業担当者として働いている人ならよくご存じのように、ハンコが必要な状況は案外多いものです。たとえば、商談を進めている途中で先方に提出する見積書には、担当者以外にも部署の上長や、関係部署のハンコを押す欄などがあります。

テレワークでWEB商談を行っていても、「じゃあ見積書の作成をお願いします」と言われたとたんに、「見積書をつくって、ハンコをもらう」という作業が発生してしまいます。

以前から電子押印を取り入れた企業もありましたが、日本の企業文化においては、リアルなモノとしてのハンコに重きを置く風潮が根強かったこともあり、思ったよりも普及しませんでした。そのせいもあって、今回、テレワークを急ぎ導入した会社にとっては「ハンコ問題」が大きな壁となったところが多かったようです。

もう1つの壁が「紙問題」。見積書だけでなく、会社間の契約にはさまざまな「紙」のやり取りが発生します。具体的には、契約書、発注書、納品書、請求書などです。「紙」と「ハンコ」は常にセットで、営業の現場では、必要が生じるたびに営業担当者が書面を作成し、それを紙に印刷して、押印欄に印鑑をもらって……という作業をこれまで繰り返してきました。

コンタクトレス・アプローチを進めるにあたって、真っ先に取り組みたいのがこの「ハンコ」と「紙」問題の解消、ペーパーレス化です。

最初の一歩としては、電子押印を普及させることです。簡単なツールで導入が可能なので、どうしてもハンコが必要という局面で大変役に立ちます。電子押印が可能になれば、リアルなハンコでの押印が必要なくなるので、すべての書類はできる限りPDFに切り替えるといいでしょう。また、企業間でのやり取りの場合も、PDFの送付が可能か取引先に相談してもいいと思います。

さらに、少しハードルは高くなりますが、会社として見積書から請求書までを一元管理できるＷＥＢシステムを導入することをお勧めします。導入費用やランニングコストは発生しますが、その分、紙代や印刷代、それらの紙資料を保管するためのファイルや空間を将来にわたって削減することができます。請求書の発送をＷＥＢ配信に置き換えれば郵送代が確実に削減できますから、大きなメリットがあります。

また、書類の作成やハンコのやり取りを行う手間も削減が期待できるので、人件費という観点からもメリットは相当に大きいはずです。

ＷＥＢシステムと言われてもイメージがわかない方も多いと思いますので、具体的に、「紙」と「ハンコ」の場合の作業の流れと、ペーパーレス化を果たしたあとの作業の流れを比較してみましょう。

●紙とハンコ

見積書：営業担当者がエクセルなどで作成。印刷して上長の印鑑をもらって、郵送もしくはＦＡＸ。

▼

納品書：販売管理システムから出力するか営業担当者がエクセルなどで作成。印刷して上長の印鑑をもらって、商品に同梱するか郵送。

▼

請求書：会計システムから出力するか担当者がエクセルなどで作成。印刷して社印を押印し、送付書を添えて郵送。

●WEBシステム導入後

見積書：顧客ごとに一元管理できるように設定されたWEBシステムの見積書にオンライン入力。上司の承認をもらってPDF化し、相手先にメール。

▼

納品書：見積もりの際に入力したデータが、そのまま納品書に。

▼

請求書：見積もりデータが受注データとなって販売管理システムを経由し、そのまま請求データとなりWEB配信もしくはメール添付で先方へ。

「紙」と「ハンコ」の場合はすべての作業に出社を伴いますが、WEBシステム導入後は、すべての作業をテレワークで行うことができます。いったん見積もりを入力しておけば同じデータが流れていくため、途中で打ち間違いなどの人的なミスが生じる心配もありません。

ペーパーレス化については、自社が取り組んだあとは、顧客企業にもどんどん促していくといいでしょう。自社がせっかくペーパーレス化を実現しても、先方が「紙」と「ハンコ」企業の場合は、発注書など自社に郵送されてきた書類を担当者が出社して確認しなければならないからです。ペーパーレス化に大きく舵を切ることを決めたら、取引先を巻き込むくらいの勢いで進めるのが肝心です。

その際にはメリットを明確に伝えましょう。紙やインクがいらなくなる。社員の無駄な出社（移動）も必要ない。作業量も削減できる。どんな企業に対しても大きなメリットをもたらすペーパーレス化は、今後急激に進んでいくにちがいありません。遅れをとらないように、今すぐ着手すべきです。

コンタクトレス・アプローチがエリアを超える

コンタクトレス・アプローチでは、従来の常識を覆《くつがえ》す営業が可能になります。たとえば、エリアの制限がなくなるということが挙げられます。

これまでの営業では、「会社から遠いお客さんは割に合わない」と考えられてきました。たとえば、商談や納品のたびに新幹線や飛行機を利用しなければならないとしたら、その移動の交通費で利益が圧迫されてしまいます。さらに、担当者も移動時間を含め長時間拘束されてしまうので、その分の人件費を考えると確かに割には合いません。

訪問を必須と考えていると、せっかくお問い合わせをいただいても、営業に慎重になったり、エリア外なので応えられなかったりというケースも多かったのではないでしょうか。

しかし、WEB商談で話を進めるコンタクトレス・アプローチの場合、どんな場所にいる人に対してもアプローチが可能です。納品のための物流ルートが確保できれば、今まで取りこぼしていたエリア外への営業や、新規開拓先の拡大をすることができます。

今後は、東京の企業が地方の企業に攻め込んだり、反対に地方の企業が東京に攻め込んでくるようなこともどんどん起こってくると思います。国内だけでなく、語学さえクリアできれば、海外にマーケットを拡大することも可能です。

エリアの壁が取り払われれば、移動時間や手間も減って、それによって生じた時間とパワーを新規顧客獲得のために使うことができます。当然ながら、顧客数は激増するでしょう。そして、コンタクトレス・アプローチであれば、激増した顧客数にも捻出した時間で対応が可能です。

オフィス・拠点戦略の見直しを

テレワークが普及すれば、オフィスに対する考え方も大きく変化します。まずは、必要なスペースの大きさが変わります。これまでは、全社員が出社して仕事をすることを前提にオフィススペースを確保してきましたが、これからはその必要はありません。

一概には言えませんが、フリーアドレスのデスクが社員数の半分程度用意されていれば十分ではないでしょうか。3割程度でも大丈夫かもしれません。そうすることで、かなりのコストダウンになります。

オフィスの賃貸借契約は解約予告期間が定められているので、引っ越し自体は今すぐにというわけにはいかないでしょうが、移転の検討を始めるのは早いに越したことはありません。

実際、当社でもいくつかの地方拠点のスペースを縮小することを決めました。これまではオフィススペースの他に、セミナールームや広めの会議室などを構えていたのですが、コンタクトレス・アプローチを推進するにあたり、必要なスペースの大きさを改めて見直した結果の判断です。

立地についても再考の余地があります。「移動に便利」「通勤に便利」という視点が、これまでほど価値を持たなくなる可能性があります。

社員もほとんど通勤してこない。会社を拠点にして営業に行くということがなくなる。お客様のリアルな来客も少なくなる。そうなったとき、ターミナル駅の駅近物件である必要性は、あまり感じられなくなるでしょう。店舗や工場がある場合はそう簡単に場所の移動はできませんが、オフィス機能だけなら都心を離れて賃料の安い郊外や、いっそ軽井沢のような環境のいい場所に移るという手もあります。

とはいえ、業務の100%がテレワークになるわけではありません。どうしても出社しての作業が必要な業務もあるでしょう。たまにはみんなで集まりたいし、会って話した方が早いこともあります。オフィスを完全に廃止するところまでは、一般の会社の場合は現実的ではありません。
だからこそ、より戦略的にオフィスの在り方をこの機会に見直すべきだと思います。

IoT導入による非接触経営戦略

IoTというのは、Internet of Things の略で、直訳すれば「モノのインターネット」、モノがインターネット経由で通信するという意味です。これまではインターネットに接続されていなかったさまざまなモノ、たとえばセンサー機器や家電製品などがネットワークを通じてサーバーに接続されて、相互の情報交換を可能にする仕組みのことです。

このIoTを積極的に活用することで、今後の営業活動を大幅に改善することができます。

ＩｏＴと営業が結び付かないという人も多いと思いますが、実は多くの導入事例があります。

たとえば、オフィスにあるコピー機のカウンターで考えるとイメージしやすいかもしれません。かつて、コピー機の使用量はコピー機会社の社員が月に1回オフィスに来て、コピー機内蔵のカウンターをチェックしていました。その数字を元に、請求額が決まります。そこにはかなりの手間と人件費がかかっていたはずです。

それが今では、ＩｏＴの導入により、自社にいながらカウンターデータをインターネットで見られるようになっています。わざわざカウンターをチェックするだけのために訪ねる必要はありません。

これこそＩｏＴの活用の好例です。なにも難しい話ではありません。単純な作業をヒトに頼らず、モノにまかせる。ＩｏＴはコンタクトレス・アプローチにとって大きな力となってくれます。

もし現在の営業スタイルが、定期的な顧客訪問を必要としているなら、ＩｏＴの活用を検討してみるべきです。

たとえば、客先の倉庫にある在庫数の確認のために定期的に担当エリアを訪問して回っているという営業担当者の方。自動でそのデータが自分のパソコンやスマホに送られてくるようなシステムがあれば、移動にかかる時間とコストがぐんと減らせると思いませんか。人件費という点でも、単純作業はなるべく機械にまかせた方が得策です。

ＩｏＴと言えば、５Ｇ（第5世代通信ネットワーク）ですが、いまだにエリアも限定的でコストも高額です。より実用的なサービスでは、〝Sigfox（シグフォックス）〟というＬＰＷＡ（Law Power Wide Area：省電力広域）ネットワークと連携したＩｏＴセンサーが活用されています。ＬＰガスの検針や配送といった業務の効率化を進めるために導入され、配送回数を大幅に削減するなどの成果を出しています。

当社でも活用しているのですが、ＬＰＷＡは伝送量や伝送スピードはさほどでもありませんが、消費電力が小さくコストが安いのです。ＩｏＴをどのように設定し、活用するかは使用者のニーズに応じてつくり込む必要がありますが、それさえやってしまえば、あとはおまかせ。人的コスト、時間的コストの両面において圧倒的な価値を発揮します。

現在もなお単純作業に貴重な労働力を割いているという企業の経営者の方は、コンタクトレス・アプローチの導入と同時にＩｏＴの活用を積極的に行うべきです。

コンタクトレス・アプローチが働き方改革を加速させる

２０１９年４月１日から「働き方改革関連法」が順次施行されてきましたが、その中で、コンタクトレス・アプローチとの関連が特に強いと思われるのが「残業時間」に関する項目です。

「残業時間の罰則付き上限規制」によって、残業時間の上限が明確に設定されました。違反した場合には罰則が科せられます。属人的な長時間勤務が当たり前になっていた会社は、業務内容の見直しや、ＩＴツールなどの活用を含めた「省力化」への取り組みが必要になりました。

残業時間をめぐっては、これまでにもさまざまな問題点が指摘されてきました。

「急に残業を命じられて、子どもの保育園へのお迎えが間に合わない」
「平日は、ほとんど家族の顔を見られない」
「ひんぱんに接待に駆り出されるのが辛い」

このような「時間」に関する悩みが原因で職場を去っていった人も多かったと思います。「働き方改革」によって、この状況が改善されるのは望ましいことですが、とはいえ経営側には経営上の事情もあり、「残業も含めて何とかこなしてきた業務量に、今後どう対応すればいいのか」という困惑が残ります。残業をカットしたせいで業務に支障が出てしまっては、業績にもかかわる深刻な事態になってしまいます。

ここで、現場で働く社員と経営側、双方の悩みを解決し、一気に「働き方改革」を加速させる力が「コンタクトレス・アプローチ」にはあります。

そのもっとも大きな理由が、「時間を生み出す」ことです。コンタクトレス・アプローチでは、移動時間という時間の縛りから自由になれます。また、在宅でテレワークで行うことができる場合は、場所の縛りからも解放されます。地方からでもOKですし、極端に言えば、海外からでもコンタクトレス・アプローチの遂行は可能です。

さらに、在宅での勤務が可能となることで、「介護や子育てで長時間家を離れられない」という人にも、時間を区切って仕事をお願いすることができるようになります。

これからの時代、コンタクトレス・アプローチ抜きに「働き方改革」を推し進めるのは難しいのではないでしょうか。逆に言えば、コンタクトレス・アプローチによってこそ、働き方改革が目指す「働く人がそれぞれの事情に応じた多様な働き方を選択できる社会の実現」に向け、大きく前進できるはずです。

コンタクトレス・アプローチの道は「SDGs」に通ず

コンタクトレス・アプローチには4つのメリット、「4E」があることを第1章で説明しました。「Environment（環境）」「Ecology（生態）」「Efficiency（効率）」「Economic（経済的）」です。

環境や生態への配慮、また、効率を上げて無駄をなくしコストを下げるという大きなメリットを提示できるコンタクトレス・アプローチは、企業のSDGs（エス・ディー・ジーズ）活動の一端を担うと言っても過言ではないでしょう。というのも、4Eで示したコンタクトレス・アプローチのメリットは、SDGsの目標と重なる部分が大きいからです。

SDGsとは「Sustainable Development Goals（持続可能な開発目標）」の略称です。2015年9月の国連サミットで採択された「持続可能な開発のための2030ア

SDGs（持続可能な開発目標）17のGOALS

1. 貧困をなくそう	10. 人や国の不平等をなくそう
2. 飢餓をゼロに	11. 住み続けられるまちづくりを
3. すべての人に健康と福祉を	12. つくる責任　つかう責任
4. 質の高い教育をみんなに	13. 気候変動に具体的な対策を
5. ジェンダー平等を実現しよう	14. 海の豊かさを守ろう
6. 安全な水とトイレを世界中に	15. 陸の豊かさも守ろう
7. エネルギーをみんなに そしてクリーンに	16. 平和と公正をすべての人に
8. 働きがいも　経済成長も	17. パートナーシップで目標を 達成しよう
9. 産業と技術革新の基盤を つくろう	

出典：国際連合広報センター

ジェンダ」で記載された、２０３０年までに持続可能でよりよい世界を目指すとされる国際目標で、雑誌でも特集が組まれるほどのトレンドワードです。

私は、当社の社員にこんなふうに言うことがあります。

「もしも先方がコンタクトレス・アプローチに抵抗してきたら、ＳＤＧｓだからと言って説得しなさい」

冗談半分で言っているところもあるのですが、内容自体は事実です。多くの企業がＳＤＧｓへの取り組みを始めていますが、コンタクトレス・アプローチはまさにそれを体現するものだと思います。

4Eという視点からも、よりよい働き方を促進するという観点からも、コンタクトレス・アプローチはSDGsを推し進めることができます。

例を挙げればキリがないのですが、「7．エネルギーをみんなに　そしてクリーンに」「8．働きがいも　経済成長も」はもちろんのこと、「3．すべての人に健康と福祉を」「10．人や国の不平等をなくそう」「11．住み続けられるまちづくりを」「13．気候変動に具体的な対策を」「15．陸の豊かさも守ろう」「17．パートナーシップで目標を達成しよう」などにも何かしらの形で貢献することができます。自分の会社がどの項目を実現できるのかを考えてみるといいでしょう。

コンタクトレス時代の経営戦略とは

経済学の用語に「限界費用」という言葉があります。限界費用とは、「1つ生産量を増やしたときに増える費用」のことです。わかりやすく言えば、変動費です。

高級家具メーカーがつくる椅子で考えてみましょう。これまでに500脚の椅子を製造していて、その総コストが7500万円だったとします。この場合、椅子1脚あたりの製造コストは平均で15万円ということになります。

しかし、次に501脚目の椅子をつくることになったときにはどうでしょう。すでに設計もできて製造ラインもつくられていますから、追加でかかる費用は、材料費と多少の電気代と工賃くらいになって、3万円だったとします。この3万円が限界費用です。

総費用で考えると、7503万円で501脚の椅子をつくったことになりますから、1脚は約14万9760円ですが、500脚つくるのにすでに7500万円かかっていて、501脚目を1脚つくるのに、約15万円が必要になるわけではないのです。

つまり、単純化すると、500脚の椅子をつくるのに、固定費として6000万円かかり、変動費として1500万円がかかって総コストが7500万円だったと考えられます。1000脚つくれば、6000万円の固定費に変動費(限界費用)が3万×1000で3000万円かかって総コストが9000万円になりますから、1脚が9万円となってコストダウンできるというわけです。

生産量が増えてコストダウンができるということが言いたいわけではなく、ここで大切なのは、モノをつくるときにはそのための材料や部品などにかかる限界費用が必要になるということです。モノをつくるためには、必ず限界費用の3万円がついてくるわけです。

モノづくりの場合だけではなく、人が動いた場合にも同じようなことが起こります。たとえば顧客へのアプローチを人が行う場合、アプローチ数が「1」増えるたびに、交通費や印刷する紙代や印刷代が必要です。101件目にも、1001件目にも。アプローチ数が増えれば増えた分だけ「限界費用」は発生します。

ところが、テレワークのためのWEB会議ツールや営業支援ツールの導入、要するにIT投資は初期費用はかかりますが、その後は100、1000、1万と作業量が増え続けても、追加のコストはほぼ発生しません。件数が「1」増えても新たなコストの発生はなく、限界費用は「0（ゼロ）」です。正確に言えば電気代などは増えるかもしれませんが、微々たるものです。

つまり、ＩＴ化という環境をいったん整えてしまえば、あとは顧客数が増えれば増えるほど指数関数的に利益が増えていくのです。

いまだに、多くの経営者の方が「ＩＴ化はコストだ」と考えているようです。やってみたい気持ちはあるが、コストがかかるからできないと思い込んでいます。ですが、目先だけでなく、少し長いスパンで考えれば話は逆です。「ＩＴ化するからこそ、いずれはコストがかからなくなり、収益構造が改善する」「限界費用がゼロだから、業務をこなせばこなすほど1業務あたりのコストが下がっていく」のです。それが理解できれば、導入のための初期費用は「コスト」ではなく収益改善のための「投資」になります。この発想の転換が大切です。

コンタクトレス・アプローチによって、顧客数は激増する可能性を秘めています。「うちにはまだ必要ないよ」と、今の業務量を基準に考えるのではなく、1年後には顧客数も業務量も今の10倍以上になっていると考えて、それに対処する手段としてＩＴ化への投資を検討すべきです。
10倍の仕事量となると、どんなに優秀な人間でもそれをこなすことは不可能です。人に頼った人海戦術を行うなら、10倍の仕事をするには10倍の人材が必要になります。それではコストと利益のバランスは変わらず、収益は改善しません。そもそも、今の10倍の社員を採用するというのは、一般の会社に簡単にできることではありません。会社の未来を見据えると、ＩＴ化による効率化は不可避なのです。

コンタクトレス・アプローチを推進するとともに、限界費用がほぼ「０（ゼロ）」のＩＴ化を進める。この２つはセットです。これらの相乗効果によって、会社を大きく飛躍させることができます。

第5章

コンタクトレス時代の営業マネジメント

テレワークにおける部下の管理方法

テレワークが進み、オフィスで毎日顔を合わせる機会が少なくなるコンタクトレス時代には、上司と部下のコミュニケーションの問題が発生します。


「コンタクトレスでも、部下はちゃんと働いてくれるのだろうか」

「部下と、どのように接すればいいのか」

「適度な距離感や関係性をどうつくっていけばいいのか」

「いかに労務管理をすればいいのか」

「部下の教育をうまくやるにはどうすればいいのか」……。


マネジメント側の悩みは尽きません。

本章では、コンタクトレス・アプローチによる営業活動を進めていくための営業マネジメント術について、方法論を提示してみたいと思います。

時代はよりスピーディな「効率化」を求めている

かつて、私が社会人になってすぐの1980年代後半から1990年代初頭には世の中が好景気だったこともあり、大量採用をしてゆっくり人を育てていけばいいというムードがありました。しかしこれからは、ますます即戦力であることが求められていくでしょう。特に、中小企業の場合は人材を遊ばせておく余裕はありません。

その背景には日本の人口問題があります。135ページの2つのグラフをご覧ください。

2020年には生産年齢（15〜64歳）人口がかろうじてボリュームゾーンになっていますが、少子化により年少人口が少ないため、30年後の2050年にはボリュームゾーンはスライドし、65歳以上の高齢者の割合が増えて生産年齢人口は大きく減少します。

つまり、今後30年間、いやその後も「お客さんも減り、働き手も減る」という時代が続くわけです。

「お客さんが減る」というのは、顧客の「密度」が低くなるということです。わかりやすく説明すると、ある営業担当者が担当していたエリア内に、100軒のお客さんがいたのに、それが減って80軒になってしまったら、密集していない分、移動効率が落ちて動きに無駄が多くなり、20軒分の売り上げも落ちてしまいます。

そこをがんばって、同じように100軒のお客さんを担当しようとすると、エリアを広げなければならず、やはり移動効率が落ちてしまうことになります。

一方、働き手である営業担当者の数も減っていきます。人海戦術のような「数で勝負」的なやり方はできません。働き方改革によって時間外労働の上限規制が設けられた今では、社員を馬車馬のように働かせるというようなことも、当然できませ

2020年の人口ピラミッド

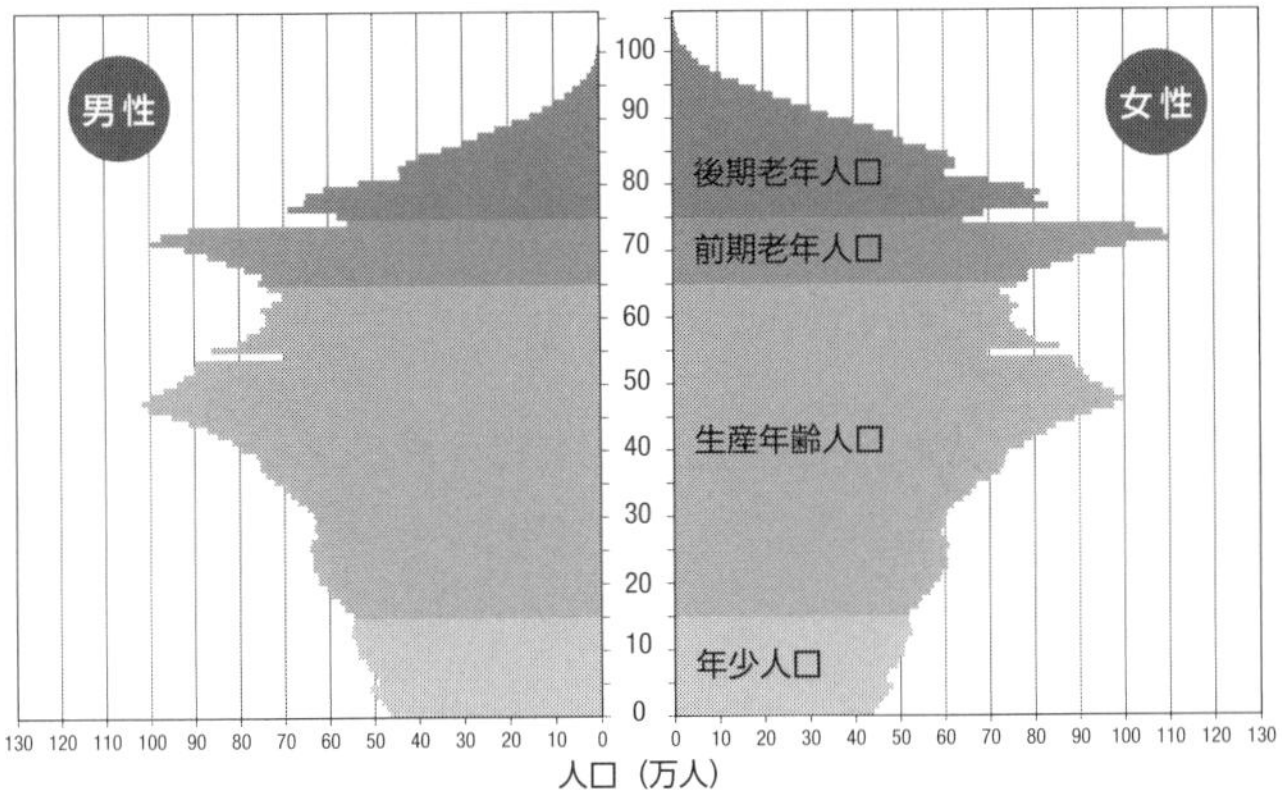

2050年の人口逆ピラミッド

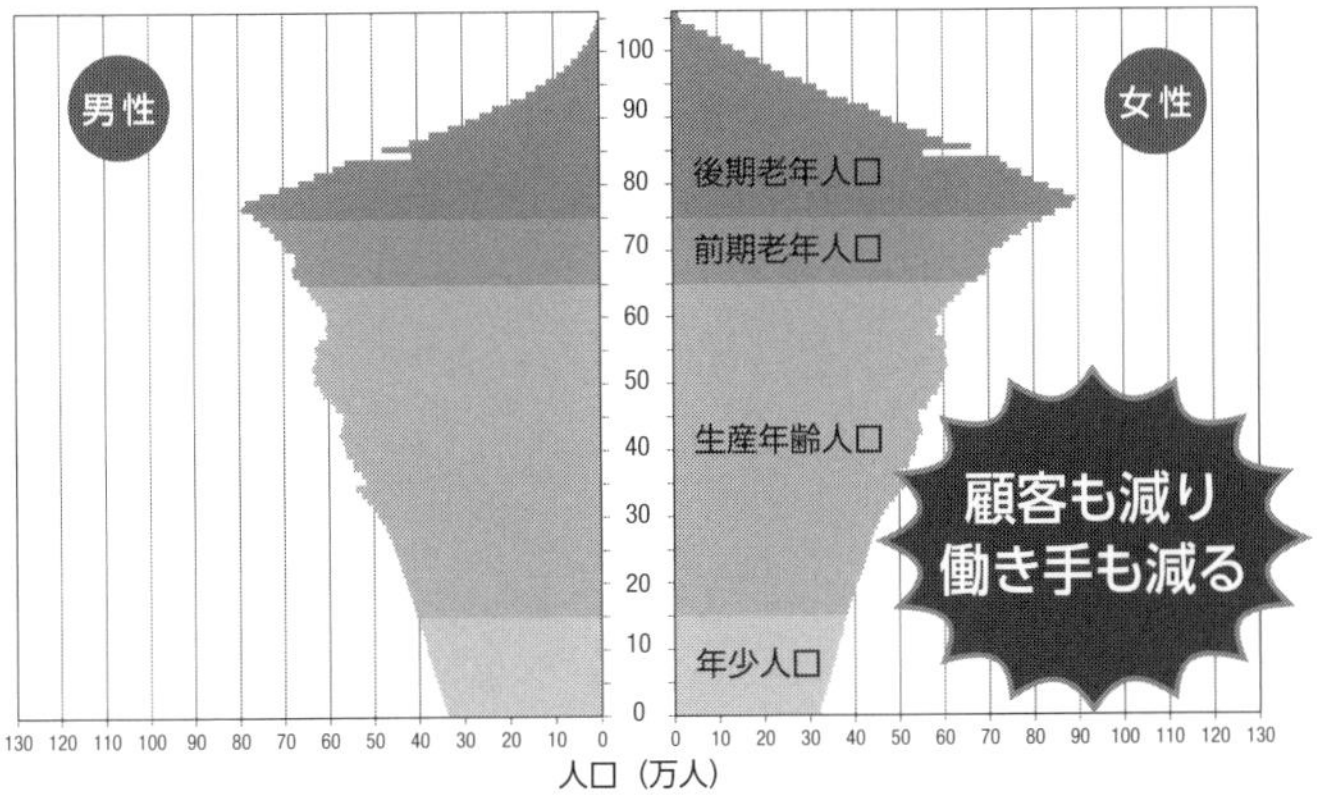

資料：1965〜2015年：国勢調査、2020年以降：国立社会保障・人口問題研究所
「日本の将来推計人口（平成29年推計）」（出生中位〔死亡中位〕推計）。

ん。

このような状況の中で企業が業績を上げて利益を確保していくためには、一人ひとりの営業活動の効率を上げていかなければなりません。どうすれば、現場の営業担当者が効率よく働き、成果を挙げることができるのか。そのための仕組みづくりに真剣に取り組んでいくことが、経営者、管理職などのマネジメント側に求められています。

こうした人口減少という側面からも、コンタクトレス・アプローチが必要になってくるのです。

コンタクトレス時代に求められる組織とは

一人ひとりの効率化を目指すためには、よりよい組織づくりが必要です。

組織としての目標を共有しながら個としての効率を最大化して、組織に貢献する。組織は、その個の動きをサポートする。そのような個と組織の関係性として、どのような形がコンタクトレス時代に、より機能するのでしょうか。

答えは1つではありません。それぞれの企業においての「ベター（よりよい答え）」を見つけていただくために、「チーム型」「オーナーシップ型」「分業型」の3つのタイプに分けて説明します。

〈チーム型〉

今あるほとんどの日本企業が該当します。課や部ごとに構成員全体（チーム）での目標を持ち、それに向かって個人が担当業務を持って動く組織です。固定給で社員を雇用しているほとんどの企業がこのタイプです。

このタイプの特徴は、営業活動自体は個人で動きつつも、属人的になりすぎないようにチームとして情報を共有し、顧客対応にあたります。担当者が休みであっても、あるいは異動したり退職したりしても、きちんとフォローできるチーム体制があることで、顧客の安心感も増します。

以前は、数人の〝スーパー営業マン〟が超人的な働きで仕事を取ってくるというような話もありましたが、働き方改革を機に属人的な働き方は見直しを迫られました。個人の力に頼りすぎない、チーム力による組織運営がより求められています。

チーム型では、個人の働きと数値で示せないチームを支える動きのそれぞれをどう評価するか、マネジメント側の配慮が必要です。

テレワークが普及しても、やはり日本企業の場合はチーム型が主流になるでしょう。ただし、在宅勤務による働き方の多様化が推進される中で、時代に合う多様で柔軟な組織づくりが求められます。これからは、コンタクトレス時代における組織づくりとして、チーム型組織は、次に述べる「オーナーシップ型」や「分業型」のいいところをいかに取り込むかがカギとなるように思います。

〈オーナーシップ型〉

会社と営業担当者の関係は、フルコミッションに近い独立自営的な契約形態になります。時間の管理もなし。成果に応じて報酬を支払います。

組織の構成員一人ひとりが自分自身の成果に責任を持つ度合いはこのタイプがい

ちばん大きくなりますが、半面、組織の一員であるという意識は薄くなりがちです。

お互いに顔を合わせる機会がほとんどないコンタクトレス時代の中で、独立自営的に働きながらもチームの一員であるという意識を高めるためには、WEB会議やチャットなどのITツールを活用し、定期的な情報共有の仕組みを確立することが求められます。

また、採用という点では、在宅勤務が普及することで、独立自営的であると同時に出社する必要がほぼなくなるので、介護や育児を理由に退職してしまった人など、これまで地理的あるいは時間的な理由であきらめていた優秀な人材を獲得することができます。

テレワークの動きを受けてオーナーシップ型の1つである「ジョブ型」という雇用形態を導入する企業が増えつつあるように、時代の変化に合わせて、今後はオーナーシップ型が増えていくと予想されます。

〈分業型〉

顧客対応を、社内でインサイドセールス（内勤型営業）、フィールドセールス（外勤型営業）、アフターサポートに分業するタイプの組織です。

マーケティング力があって、新規顧客からの問い合わせが非常にたくさん入ってくるような会社では、すでに多くの顧客を持っている営業担当者が新規顧客対応を受け持つのは、時間的にも、労力的にも厳しいものがあります。このような場合には、新規顧客対応と既存顧客対応を分業させることで、問い合わせの集中による業務過多を避けることができます。

インサイドセールスとコンタクトレス・アプローチは違うものであると第2章で指摘しましたが、リード（新規見込先・新規引合件数）が多い場合には、せっかくのリードを放置して逃したくないので、あえて分業にして、インサイドセールス部隊を置く選択も考えなければなりません。

分業型とすることで、インサイドセールスが新規顧客に連絡をとって、アポイントまでを担当。アポが決まれば、そこから先はフィールドセールスに引き継ぎます。販売したあとのフォローはアフターサポート部門が担当します。

業務効率が上がることは間違いないのですが、このとき大事なのは、担当間の情報の受け渡しが正確かつスムーズに行われることです。ここがうまく機能しないと、分業型のよさを活かすことができなくなります。

テレワークが普及すると、顔を合わせてのコミュニケーションが少なくなる場合が多いので、特に、情報の管理や受け渡しなどの方法を仕組み化することが不可欠です。

ちなみに当社では、「チーム型」と「分業型」の折衷型で組織運営をしています。

今後の組織づくりのトレンドとして、日本企業的なチーム制を残しつつ、テレワークによって時間と場所の制約を超えながら、新規案件数の増加に対応する、折衷型の組織が増えていくと思います。

いずれの組織も一長一短あり、今の自分の会社、チームにいい要素を取り入れていこうとすることが大切です。

そして、どの組織形態であっても、部下をよりよく効率的に動かすマネジメント力が必要です。

それでは次に、コンタクトレス時代に、直接顔を合わせる機会が少ない中で、どのように部下指導を行えばいいのかについて考えていきましょう。

コンタクトレス時代の部下指導「3つの『S』」

テレワークという働き方が定着し、営業活動もコンタクトレスで行うようになると、当然ですが上司と部下が顔を合わせる機会や時間は、これまでにくらべて大幅に減少します。本章の冒頭で述べたように、「会えない」「様子が見えない」状況の中で、

「部下とどのように接すればいいのか」
「適度な距離感や関係性をどうつくっていけばいいのか」

という悩みを抱える管理職の方は多いでしょう。

コンタクトレス時代の部下指導においては、3つの「S」を意識してもらいたいと思います。

●「See」(見る/見守る/見える化する)

約2500年前に書かれた『孫子』(地形篇)には、次のような言葉が残されています。

卒《そつ》を視《み》ること嬰児《えいじ》の如《ごと》し。故《ゆえ》に之《これ》と深谿《しんけい》にも赴《おもむ》く可《べ》し。
卒を視ること愛子《あいし》の如し。故に之と倶《とも》に死す可し。

将軍が兵士たちに注ぐ眼差《まなざ》しは、赤ん坊に対するように慈愛に満ちているものである。だからこそ、いざというときに兵士たちを危険な深い谷底へでも率いていくことができるのである。

また、将軍が兵士たちに注ぐ眼差しは、我が子に対するもののようでもある。だからこそ、兵士たちは将軍とともに死ぬ覚悟で戦いに臨むことができるのである。

これは戦いの場における将軍の心得として書かれたものですが、将軍と兵の関係を現代のビジネスシーンにおける上司と部下の関係と考えれば、「赤ん坊（嬰児）のように」「我が子（愛子）のように」上司は部下を見守りなさいというふうに読み取ることができます。

上司は、つい部下を「監視」しようとしがちですが、そうではなく愛を持って見守ることが大切です。コンタクトレスになればなるほど、部下の気持ちは見えにくくなります。それをきちんとしっかり見つめる。

人は誰しも監視されたり管理されたりすることを望みません。何をやっているかをいちいち他人に見られたくないと考えています。その一方、がんばっていることやうまく成功したことは「見てほしい」「気づいてほしい」とも思っています。普段は「勝手に見るな！」と言っているのに、いい成績を取ったときには「見て、見て」と寄ってくる反抗期の子どものようですが、これは２５００年前から変わらぬ人間の心理であり、真理でもあると言えるでしょう。

この「見てほしい」タイミングを逃さないために大切なのが「See」なのです。コンタクトレス時代だから、それぞれ勝手にやらせればいいというものではありません。

部下の声や表情のささいな変化も読み解く。部下からの報告には、きちんと目を通す。ツールを使い、部下の活躍を「見える化」する。干渉しすぎるのではなく、見守ろうとする姿勢が大切です。

●「Stroke」（存在を認める／働きかける）

「Stroke（ストローク）」という言葉は、カナダ出身の精神科医エリック・バーン（１９１０〜１９７０年）が提唱した「交流分析（Transactional Analysis：トランザクショナル・アナリシス）」という心理学パーソナリティ理論の１つで、「人の存在や価値を認める働きかけ」のことです。

「君がそこにいてくれてよかった」「がんばってくれていることはわかってるよ」と

いう気持ちを、心の中で思うだけではなく、相手に伝えるための働きかけをストロークと言い、「心の栄養」とも呼ばれています。

「See」を通して見守ると同時に、必要なタイミングで、上司は部下に対して、言葉や行動によって、評価や好意をきちんと伝えることが大切です。

テレワークの生活が続くと、外部とのコンタクトレス状態に置かれて孤独感や疎外感をつのらせて、それが大きなストレスになってしまうこともあるでしょう。コンタクトレスでは、以心伝心や阿吽《あうん》の呼吸のようなものは、なかなか通じにくいと思います。

やはり、リアルでの付き合い以上に丁寧に伝えるということを意識する必要があります。

部下とのコミュニケーションをより円滑に進めるために推奨したいのが、日報などの項目に「感謝&一善」を取り入れることです。1日の中で芽生えた感謝の気持ちを共有するのです。「自分はテレワークをしているけれど、会社に出てお客様からの電話対応をしてくれた○○さんに感謝します」「資料を送ってくれた○○さん、ありがとう」などと他者に思いを馳せることで、自分が周りに支えられていると本人が気づくこともできます。

そうすることで、上司や同僚が共感や同意を示すこともしやすくなり、それがまた部下の存在を認めるストロークにもなって、部下のモチベーションを高めることができるのです。

●「Suggest」（提案する／フィードフォワード）

３つ目の「S」は「Suggest（サジェスト）」。日本語では「提案する」という意味です。提案というのは、常に未来に向かっていて、「こうしたらいいんじゃないか」「こんなふうに考えたら解決できるのでは？」という前向きなものです。サジェストするときに意識したいのは、「フィードフォワード」です。

仕事の場でしばしば行われるものに「フィードバック」というものがあります。これは、過去から未来という時間軸の中で、現在から過去を振り返るものです。「あの行動はよかったね」「あれはちょっとまずかったなあ」などと、過去の出来事を振り返って「よかった」「悪かった」と評価をするわけですが、過去の行動の結果

Suggest　フィードフォワードでアドバイスしよう

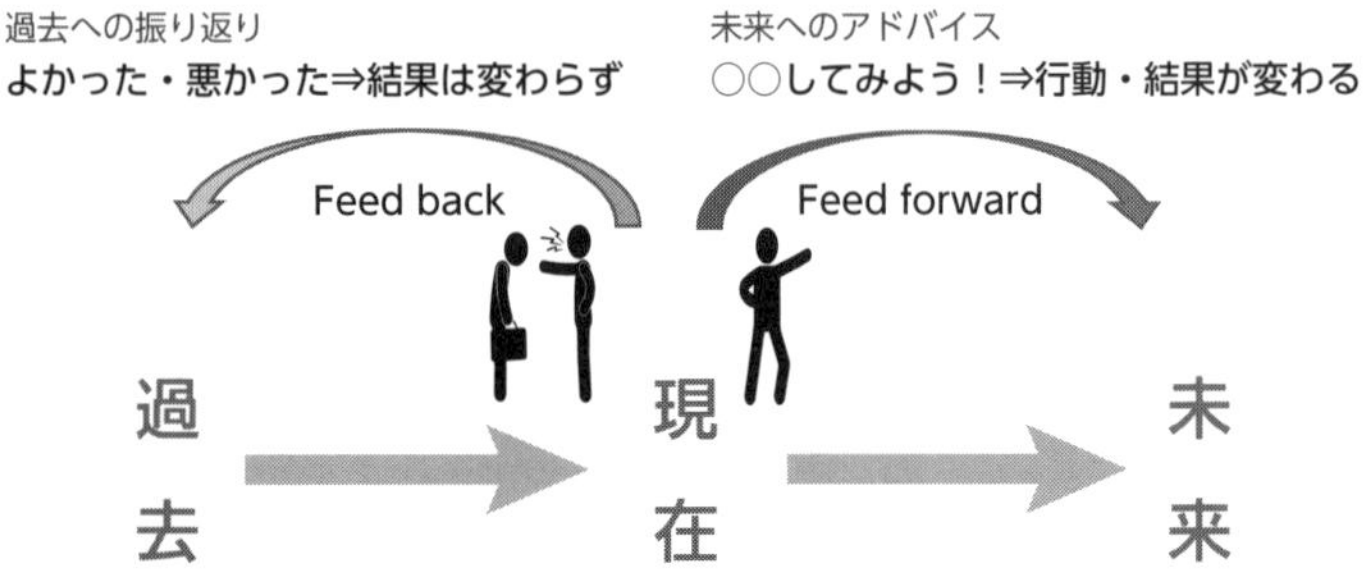

過去への反省・叱責ではなく、未来に向け今打つべき手を提案。

はすでに出ていることなので、どうしても反省や叱責になりがちです。

それに対して「フィードフォワード」は、現在から未来に向かっての提案です。「もっとこうした方がいいんじゃない?」「こういうふうにやってみようぜ」と、アドバイスをする。積極的に提案する。それによって本人の行動が変わり、よりよい結果を出すことにつながります。

こんなふうに行動や未来の結果を変えてあげる提案が、フィードフォワードなのです。

See（見守り）↓Stroke（存在を認め）↓Suggest（未来に向けて提案をする）。コンタクトレス時代の中、また、限られた時間の中で効率よく部下を育てるために、これら3つの

「S」という考え方は欠かせないものだと思います。

コンタクトレス・ロールプレイングの勧め

非常に効果的な部下指導のメソッドとして、ぜひやっていただきたいのが「コンタクトレス・ロープレ（ロールプレイング、役割演技）」です。

テレワークが進み、上司と部下、先輩と後輩が顔を合わせる時間はますます減っていくでしょう。在社していても、会議室やWEB商談ブースにこもって商談していると、身近な人からちょっとした説明のコツを学んだり、クロージングのテクニックを盗んだりするような機会もなくなってしまいます。

その穴を埋めるのが、コンタクトレス・ロープレです。営業部隊のいる会社では、以前は当たり前のように行われていたロープレですが、最近は研修に取り入れるところも減ってしまいました。しかしロープレは、営業力アップに非常に効果があります。これをコンタクトレスでもやらない手はないと思います。

マンツーマンでもいいのですが、より効果的なのはグループ・ロープレです。上司や先輩1人と現場担当者3〜4人で1グループをつくります。まずは、上司（先輩）が客役、部下（後輩）が営業担当者として商談を行います。他の人たちはその様子を見学します。

一通りの商談が終わったら、見学していた人は商談を見ていて気づいたことを教えてあげたり、感想を述べたりします。「表情が固かったよ」「あの説明はちょっとわかりにくかった」など、思ったことを率直に伝えます。それを順に繰り返します。

上司から一方的に指導されるよりも、同僚・仲間という目線からのアドバイスの方が受け入れやすいということがあるようです。ときにはピントのずれた感想を言う人も現れて内心ムッとすることもあるでしょうが、自分の商談を見て、現にそう感じた人がいるという事実を素直に受け止めておけばいいと思います。

これらに加えてコンタクトレスで行うロープレのよさとして、「録画できる」ということがあります。

自分自身の口ぐせや、話しているときの態度などは、客観的に見ない限り自覚することができません。他人に指摘されても「そんなことないよ」と反発してしまいがちですが、録画で見せられたら「納得！」というものです。

「わかってはいるんだけど、できないんだよね」「やってるつもりだけど、結果が伴わない」。そういう悩みを抱えている人は多いと思います。頭ではわかっていても、行動できていなかったら、わかっていることにはなりません。行動していても、結果が出ていなかったら、行動が間違っているのかもしれません。

「知る」「行う」「結果が伴う」の「知行果」を一致させるためにも、コンタクトレス・ロープレを、ぜひ取り入れていただきたいと思います。

じっと見つめられているのがプレッシャーでリアルなロープレが苦手だという声もよく聞きますが、コンタクトレスなら、それほどの圧迫感を感じずにメリットだけを享受できます。

ときには立場を逆転させて、客役を部下（後輩）がやってみるというパターンもあるといいでしょう。自分が客の立場になって初めてわかることがあります。当社で過去に行ったロープレでは、客役を務めた担当者から「つまらない話を延々と聞かされたときのうんざりする気持ちがよくわかりました」などという感想も聞かれました。

コンタクトレス・ロープレは若手社員だけでなく、ベテラン社員にもお勧めです。コンタクトレスでの商談に慣れる機会になると同時に、コンタクトレスだからこその新しい気づきを発見できるかもしれません。

オンライン朝礼で一石二鳥

コンタクトレス時代のマネジメントを考えるうえで、管理する側として、これまで以上に注意を払いたいのが部下のメンタルケアです。

毎日顔を合わせていれば、「あれ、今日は『おはよう』と言ったときの声が元気なかったな」とか「顔色が悪かったけど、大丈夫かな」というふうに、日々の様子の違いなどを察知して、「異常シグナル」が自然とアンテナにひっかかります。気づいたときにすぐに声をかけて食事に誘ったり、ゆっくりと話を聞いたりすることで対処ができます。

ところが、コンタクトレス状態では、それができません。だからと言って、たとえばLINEやチャットなどで雑談をして社員同士でコミュニケーションをとるというのも、私自身はやりすぎのように感じます。

もちろん多少の雑談時間はあっていいのですが、えてして雑談というのは無駄に長くなりがちです。仕事にきちんと前向きに取り組んでもらいたくて、そのためのメンタルケアとしての雑談のはずが、メンタルは安定したけれど雑談のしすぎで仕事にも支障が出てしまったのでは、本末転倒です。

そこでお勧めしたいのが、オンライン朝礼、または夕礼です。特にチームの中に新入社員など若いメンバーがいる場合には、やってみるといいでしょう。

オンライン朝礼（または夕礼）というのは、決まった時間にオンライン上に集まって、コンタクトレスで朝礼、または夕礼を行うということです。時間は10分から15分程度で十分です。仕事の話を細かくするというのではなく、顔を見せ合って「おはよう」や「おつかれさま」をただ言い合うだけでも連帯感が生まれて、仕事や会社に慣れない新人には心のよりどころになり得ると思います。

何より、決まった時間に実施することで1日のリズムにメリハリがつきますし、行動計画を立てるうえでの指標にもなります。

さらに言えば、コンタクトレスでは、やはりどうしても先輩や同僚のノウハウを学ぶ機会が少なくなります。わざわざ相談するほどではないけれど、ちょっと聞いてみたいことや教えてもらいたいこと、そういう情報を交換する場としても、オンライン朝礼や夕礼をうまく活用したいものです。

営業会議は無駄の温床

「テレワークになって、これまでのように定例の営業会議を開くのが難しくなりました。どうしたらいいんでしょう?」と悩んでいる管理職の方はいませんか? もしかすると、「仕方ないからZoomで営業会議をやってます」ということになってはいないでしょうか。

最初にきっぱりと断言しますが、営業会議のほとんどは「不要」です。私は「無駄の温床だから、いらない!」とまで感じています。当社は設立以来かれこれ30年になりますが、営業担当者を全員集めて行う営業会議を開いたことがありません。その時間がもったいないし、そもそもやる意味はあるのか、ということです。

改めて考えてみましょう。

多くの会社では、全社営業会議というのは「成績発表会」がメインではないでしょうか。1カ月の実績のランキングや目標達成率などが発表されて、優秀な担当者は表彰され、成績の悪い担当者は叱責を受ける。あるいは、反省を述べさせられる。「どういうつもりなんだ！」と責められても、「すみません、来月はがんばります」としか言えません。1人ずつがそんなふうに順に詰められて、自分の番が終わったら、あとは「やれやれ」とばかりにぼんやり人の話を聞いているだけ……。

こんな会議はモチベーションを下げるだけで、何のプラスにもなりません。過去を振り返って「よかった」「悪かった」だのと言うフィードバックに、未来を変える力はありません。コンタクトレス時代だからと言って、わざわざオンラインでやる価値もないでしょう。

さらに、時間の問題もあります。一般的な会社は営業会議のために、どの程度の時間を費やしているでしょうか。よくあるパターンは次のようなものです。

- 全社月次営業会議　月に1回。3時間の予定が、いつも長引いて4時間くらいになる。
- 週次ミーティング　毎週1回、90分（月間で合計6時間）。
- 朝礼または夕礼　毎日15分（20営業日で合計5時間）。

３つを合計すると、４＋６＋５で15時間。15時間というのは、ほぼ2営業日分に該当します。つまり、１カ月、20営業日のうち2営業日が会議でつぶされているということです。もったいないと思いませんか。

もちろん営業会議をこのペースで開催している会社も、それはよくわかっています。ですから、営業時間内にはやらずに終業後や土曜出勤日をつくるなどして営業時間外に行うというようなことも習慣化されてきました。

けれども、働き方改革によって、このような部分にもメスが入ります。時間外に会議を行うということは、だんだん許されなくなっていくでしょう。今後は、貴重な営業時間を使ってでも営業会議をやるべきなのかという問題が突きつけられます。

なにも私はすべての営業会議が無駄だと言いたいわけではありません。世の中には、無駄な営業会議が多いという事実に気づいてもらいたいのです。

もしもこれまで惰性で続けてきてしまった営業会議がある場合は、コンタクトレス時代になったことを機に（あるいは言い訳に！）、見直し（廃止）することをお勧めします。

「日報」的管理がますます必要に

ただし、営業会議も開かない、それどころかテレワークでほとんどリアルに顔を合わせることもなくなると、

「どのように労務管理をすればいいのか」
「部下の教育をうまくやるにはどうすればいいのか」

という新たな悩みに突き当たります。

どうかご安心を。これには、きちんと答えがあります。それは「報連相（報告・連絡・相談）」によるデイリーの情報管理の実践です。

「報連相」の必要性というのは、私が社会人になった30年以上前にもすでに言われていたことで、「今さら何を?」と思う方がいらっしゃるかもしれません。しかし、コンタクトレス時代にはますます、その重要性を高めていくことになるでしょう。

商談をしたら、上司に進捗状況や見込み度を報告・連絡・相談する。上司は部下の活動状況を把握したうえで、見込み管理や業績予測を行います。そして、顧客ごと、案件ごとに商談履歴を残し、その情報を蓄積して〝時空を超えて〟共有できるのが理想です。〝時空を超えて〟などと言うと大げさに聞こえるかもしれませんが、企業が末永く存続することを前提に考えるならば、情報は「どんな場所からでも」「いつでも」取り出すことができるようにしておかねばなりません。

そして、これまた「今さら何を?」という声が上がりそうですが、そのような高次元の情報共有を可能にするのが「日報的なもの」だと考えます。

昔から日本企業では日報で業務管理をするところが多かったので、義務的に書かされていた日報に対して多少の苦手意識や、あるいは嫌悪感のようなものを抱いている方も少なからずいらっしゃるでしょう。

ですが、ここで私が勧めたいのは「日報的なもの」であって、従来の日報とは似て非なるものです。いわば「日報2・0」とも言うべき、進化型です。それらを区別するために、いちいち「日報的なもの」と使い分けてきたのは、一口で日報と言っても、「何のためのものか」という目的によって、記入内容も使い方も大きく変わるからです。

従来の日報は、上司が部下の行動を把握するための「行動管理日報」です。多くの方が「日報」と聞いて思い浮かべるのはこのタイプでしょう。新人時代、毎日ノートに書かされた記憶のある方もいるのではないでしょうか。

各担当者は、その日どんな行動をしたのかを1日の終わりに事後報告し、上司はそれによって部下の行動を確認します。

「午前10時　A社のM課長にご挨拶　午後1時　B社に資料を届ける　午後3時……」といった内容です。このような行動の報告オンリーの日報は、上司にとっては部下の行動を掌握できるメリットがありますが、部下本人には単なる記録以外の何ものでもありません。自分にとって役に立たないことに真面目に取り組もうとする人はいないので、結局は「適当に書いておく」だけになってしまいがちです。上司からのコメントも定型のおざなりなものや、一方的な指示になりがちで、コミュニケーションにも役立ちそうにありません。

ここから一歩進んで、上司の方に「部下を指導・育成するために使いたい」という目的ができると、「指導育成日報」になります。上司は部下からの報告を読んで、積極的に的確なコメントを返します。それによって上司・部下双方向のコミュニケーションが活発になります。

ただ、この段階ではどうしても「終わったこと(＝今日何をやったかという事後報告)」についての「よかった」「悪かった」という評価になりがちです。もしくは「がんばったね」「もっとがんばろう」といった精神論的な声かけで終わってしまいます。

これらの「行動管理日報」「指導育成日報」には、私が日報に絶対に不可欠だと思っている要素が欠けています。それは、「過去ではなく未来のために」という視点です。

未来をつくる「顧客創造日報」

未来の成果につなげるための日報、それを私は「顧客創造日報」と名づけました。「顧客創造日報」では、担当者は単なる行動報告だけではなく、誰と会ってどんな話をしてどんな反応があったのか、それに対して自分はどう返したのかということも記入します。さらに、担当者自身が戦略を立てて次の行動計画を具体的に考えます。そうすれば、上司は状況を理解したうえで事前アドバイス、つまりフィードフォワードをすることができます。

実は、フィードフォワードも『孫子』の兵法から見出した考え方です。『孫子』（軍形篇）に次のような言葉があります。

勝兵《しょうへい》は先《ま》ず勝ちて而《しか》る後に戦いを求め、敗兵《はいへい》は先ず戦いて而る後に勝《かち》を求む。

勝利を収める軍は、まず勝利を確定しておいてから、その勝利を実現しようと戦闘に入るが、敗北する軍は、先に戦闘を開始してから、その後で勝利を追い求めるのである。

これが意味するのは、戦ってから勝ち負けが決まるのではなくて、勝者というのは勝てる段取りや見込みがあって、「よし、これなら勝てる」となってから戦いを始めるものだが、逆に、敗者は戦いを始めてから「どうやったら勝てるんだろう」と考えている。それでは勝てるはずがないだろう、ということです。

「顧客創造日報」は、まさにこの考え方を取り入れたものです。

実際の行動に移る前に、次回の予定や行動計画を明示し、それに対して上司や同僚が智恵を出し合って戦い方（商談を成功に導くためのストーリー）をイメージする。そうすれば実際の商談を有利に進めることができることになります。

このプロセスにおいては、

①営業担当者が自らの次の予定を決め、行動計画について考える。
②上司は、①があるからこそ、よりよいフィードフォワードができる。
という「好循環」が生まれます。

営業担当者には考える習慣がつき、その結果できあがったアイデアが優れたものであればあるほど、上司からのフィードフォワードも質の高いものになり、よりよい戦略ができあがります。このやり取りがスピーディに行われることで、日報が「成果につながる」ものとして認識され、積極的に運用されることになります。

さらに、「顧客創造日報」を電子化することで、リアルな顧客情報を社内共有し、今後、営業を仕掛けていくために、データベース化することが可能になります。集めた情報をとりこぼすことなく未来に役立てるために、営業支援システムを活用した「顧客創造日報」をお勧めします。

営業支援システムで「顧客創造日報」を運用

マネジメント側からコンタクトレス・アプローチを考えるときには、2つの観点が重要です。

1つは、まさに「コンタクトレス」であること。つまり、「会わない」「顔を直接合わせない」ということです。そういう状況の中で、上司は部下に対して指導をしたり、評価をしたりすることが求められます。

もう1つは、コンタクトレスによって担当者1人あたりの顧客数が激増するということです。当然、上司が「確認・チェック」(See)したり、タイムリーに「声かけ」(Stroke)したり、「フィードフォワード」(Suggest)したりする数も激増します。

これらの課題を解決するものこそ、日報の進化形である「顧客創造日報」です。

そして、「顧客創造日報」は、SFAという営業支援システムによって効率的に促進することが可能です。

みなさんは、ＳＦＡというＩＴ用語をご存じでしょうか。

Sales Force Automation（セールス・フォース・オートメーション）の各単語の頭文字をとってＳＦＡ、別名、「営業支援システム」と呼ばれるものです。

ＳＦＡは、営業のプロセスや進捗状況を管理し、営業活動の効率化を目的としています。営業担当者が個人で行ってきた活動が集約されて組織全体のナレッジ（知識・知見）のデータベースとなり、組織全体で活用することができるようになります。

ＳＦＡにおいては、すべての情報が可視化されます。営業担当者はその可視化された情報によって業務の智恵やノウハウを共有し、自分の疑似体験量を飛躍的に増加させることができるようにもなります。

また、顧客情報の共有や分析が可能になるので、たとえば、「3カ月後に提案に行くといい」という次にすべきアクションを自律的に示し、支援してさえくれます。営業担当者にとっては、一人ひとりに「営業アシスタント」がつくようなものです。

このレベルの日報、つまりＳＦＡを活用した「顧客創造日報」になると、上司や会社のための日報ではなく、担当者一人ひとりにとって、「自分自身のため」に本

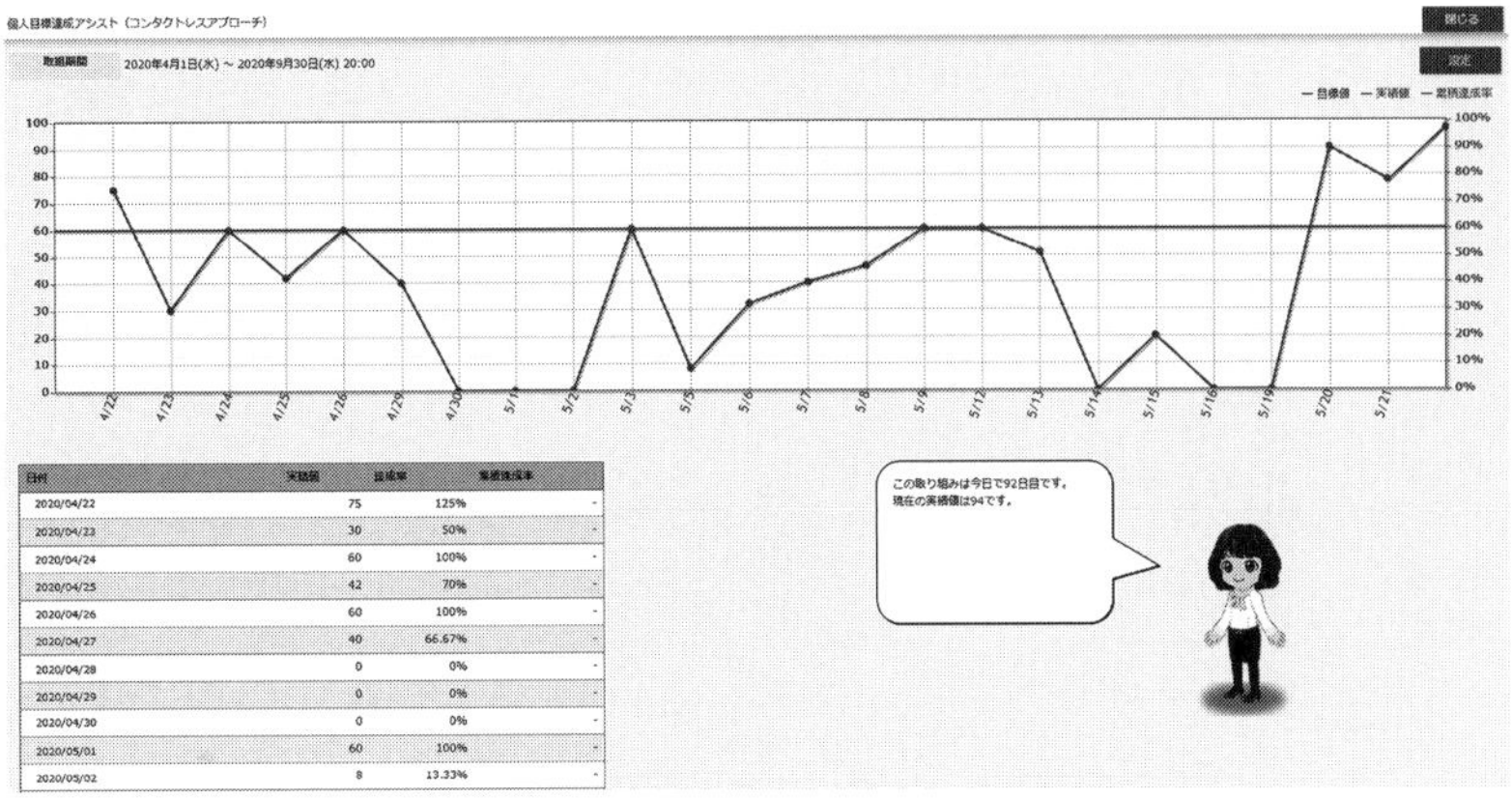

SFAで日別の達成度をグラフで確認（画像提供：NIコンサルティング）

当に役立つものという位置づけになります。

ＳＦＡは一般的にはセールス・フォース・オートメーションですが、まさに「営業アシスタント・営業秘書」のような存在です。そこで、当社ではＳＦＡの「Ａ」をオートメーションではなくアシスタント（Assistant）と読み換えて、営業支援ツールを運用しています。

運用例の1つとして、当社の事例を紹介します。

ＳＦＡ（セールス・フォース・アシスタント）は、「報連相」と見込み客管理と顧客データベースを一元管理することのできる秘書のような存在だとイメージしてください。

営業担当者は日々の営業活動の報告や見込み、今後の計画などをオンライン入力します。入力された情報はSFAによって整理され、担当者別あるいは顧客別に一覧表示されます。この一覧画面を「Daily Monitoring View（デイリー・モニタリング・ビュー）」と呼んでいます。デイリーに商談状況をパッと把握することができる画面です。


マネジメントする立場としては、部下一人ひとりの1日の動きはやはり把握しておきたいものです。個別で一覧できる画面があると、手間をかけず短い時間で確認することができます。

また、その日の報告（事後報告）だけでなく、次の計画も記入されていることが大切です。これを日々繰り返していくことによって、現場の担当者は考える力をつけていきます。実際に記入を繰り返すことで担当者の成長にもつながりますし、上司の方もよりよいフィードフォワードができます。結果として、社員の育成をしながら、成果につながる運用が可能になります。

必要項目を記入し、「顧客創造日報」を運用（画像提供：NI コンサルティング）

それだけではありません。ＳＦＡには「情報を蓄積・分析」する機能があります。担当者が集めた顧客情報はすべてデータベースとなってどんどん蓄積され、分析されていきます。その結果、長期的な営業戦略を立てることが可能になり、期日管理も「アシスト」してくれます。

「ダム」と「観覧車」で期日管理

ダムと聞いてすぐに思い浮かべるのは、コンクリートなどの外壁で囲まれた空間にたっぷりと水が貯められている様子だと思います。そこから、貯留や貯蓄の比喩としてダムという言葉が用いられることがあります。

私はデータベースについて話すとき、いつも「集めた情報はすべてダムに貯めろ」という言い方をします。入力した顧客情報がＳＦＡによってどんどんダムに蓄積されるイメージです。いったんダムに入って蓄積された情報は消えることがないので、担当者は手帳にメモしたりカレンダーに丸をつけたりして覚えておく必要はありません。あとはＳＦＡにおまかせで大丈夫です。

蓄積された情報が増えれば増えるほど、データベースのダムは深く大きくなっていきます。ＳＦＡは、その中から見込み客を選んで「観覧車」に乗せてくれます。ダムと同様、観覧車という言葉もここでは概念として使っています。観覧車が表す概念は「期日の管理」です。

観覧車を思い浮かべてください。観覧車には２つの大きな特徴があります。１つは、１回乗せてしまえば、乗客は１周まわる間は勝手には降りられません。もう１つは、乗客がいつ降りてくるのかが、こちらには読めるということです。扉が開くタイミングがわかるので、それまでに周到に準備をして待ち構えることができます。

たとえば、リース商品を営業に行った先で「１年前に別のところと契約したばかりだから当分は無理だね」と言われたとします。５年リースで契約しているとしたら、次の切り替えのタイミングは５－１で４年後になります。契約を取るための標準商談期間がだいたい半年だとしたら、今から３年半後に次回の訪問を行うべきだということになります。それを、ＳＦＡの入力画面に打ち込んでおきます。

３年半後のアポイント予定など、自力では絶対に覚えていられないでしょう。手帳に書き込むと言っても、３年半後の手帳は手元にはありません。壁にメモを貼っておいても、そのうち埋もれてしまいます。その点、ＳＦＡなら、心配はいりません。入力した時点で、その顧客は3年半という長い周期の観覧車に乗せられて、降りてくるときにはきちんと担当者に知らせてくれるのです。

もしもそこでまたうまくいかなくても、再びデータベースのダムに戻しておけばＯＫです。次に観覧車を降りるタイミングを、ＳＦＡが忘れずに教えてくれます。何度でもチャンスは巡ってきます。

ダムと観覧車がどんどん大きな規模になる、つまり、顧客データベースの量がどんどん増え、それにつれて期日管理の対象となる顧客も増えていくと、常に「観覧者に乗せる顧客（見込み客）」がいるという状態になります。無理にこちらからプッシュしなくても、確実に観覧車から降りてきます。そのタイミングで営業をかけることを続けていけば、効率よく成果を挙げることができるようになります。

AIを秘書にする時代がやってくる

ＩＴシステムによる「顧客創造日報」の運用を行い、ＳＦＡによってデータを蓄積し期日管理をしていく。そういう話を聞くと「やっぱりＩＴ化が必要なのか……」とうんざりする人や、私がＩＴツールを使ったコンサルティング会社を経営していることもあって「結局、宣伝したいんでしょ」と思う人もいらっしゃるかもしれません。

しかし私がここで伝えたいのは、コンタクトレス・アプローチとＩＴは切っても切れないものなのだということです。

なぜなら、コンタクトレス・アプローチは、案件数や顧客数を激増させるからです。１人あたりの担当数が数倍どころか数十倍になる可能性さえあります。担当エリアの壁もなくなり、グンと拡大するでしょう。

これまでは努力や工夫で何とか仕事をこなせていた人も、今後、どこかのタイミングで必ず「もうこれ以上は無理」となることは間違いありません。自分の記憶頼みではニーズに追いつけないし、アナログの手段ではどうやっても間に合わなくなってしまいます。ITを使うしかないのです。

ITに抵抗がある人は、こう考えてみてはいかがでしょうか。たとえばこれまでにも、ガラケーからスマホへの転換がありました。もっと時間をさかのぼれば、ファックスの登場、携帯電話の普及、メールでの通信など、さまざまな変化・革新を経てきたわけです。これまで同様、IT化についても「もっと便利になるから使う」「必要だから使う」と考えるべきです。

コンタクトレス時代の営業担当者に必要なのは、膨大な数の顧客や案件の情報を整理し、蓄積し、期日管理してくれるSFAの役割を果たす「AI秘書」のような存在です。

「今日は顧客企業の創立記念日ですよ」

「前回の商談から３カ月が経ちましたよ。次のステップに進むタイミングでは？」
「今月末が期限の納品の手配、終わっていますか？」

かつては営業担当者に、あるいは営業課に１人の営業アシスタントがついた時代があり、忙しい現場を細やかにサポートしてもらうことができました。でも、今は人手不足や人件費の高騰によってそれは望むべくもありません。人材面からもコスト面からも、アシスタントや秘書の役割は、今後はＡＩやＩＴが担っていくことでしょう。コンタクトレス・アプローチのメリットを最大化するためにも、マネジメント側の決断が求められるところです。

第6章

コンタクトレス時代のセルフマネジメント

「追われている」と感じるリモートワーク

セイコーホールディングスが2020年6月に発表した「セイコー時間白書2020」に、「新型コロナウィルス禍により時間意識がどう変化したか」に関する調査結果があります。全国の10(15歳以上)代〜60代の男女1200人を対象に行われたものです。

その中の1つに、こんな質問がありました。

「時間に追われていると感じますか」

この質問に対して、リモートワークをしている人の73・0%が「感じている」と答えています。これはリモートワークをしていない人の62・7%にくらべて10ポイント以上高い数字です。

リモートで働くことで、「追われている」というプレッシャーを感じているようなのです。

なぜリモートワークでは、通常よりも「追われている」と感じてしまうのでしょうか。単純に考えれば、上司にあれこれ命じられて動くときの方が「追われている」気分になり、自分で自由に行動を決められる方がのんびりできそうなものです。

その大きな理由は、１日の時間の使い方が「個人の自主性にまかされた」ことにあるのではないかと思います。「今日はここまで」と、誰も声をかけてくれない。他の人がどうしているのかが、見えない。リモートワークを始めた人たちは、否応なく自主的に動かざるを得ず、責任感の強い日本のビジネスパーソンにとっては、それが「追われている」という感覚につながったのではないでしょうか。

リモートワークがメインとなるコンタクトレス時代には、「自主性」がより求められていきます。自分で考えて、自分で決めて、自分で自分を動かす。そのような「自己管理」あるいは「自立する力」のことを「セルフマネジメント能力」と呼びます。自分で自分をマネジメントできる力、ということです。

セルフマネジメントの能力は、コンタクトレス時代において、これまで以上に重要視されるにちがいありません。

営業は孤独な仕事である

本書の読者は、営業部門を持つ企業の経営者の方や営業部門をマネジメントする立場におられる管理職の方、あるいはお客様相手に現場で汗を流す営業担当者の方が多いと思います。営業という仕事に日々深くかかわっていて、営業活動にそれぞれの立場でいそしんでおられる。私自身もその1人です。

だからこそ、共感していただけると思うのですが、営業というのは孤独な仕事です。自分1人で電話をかける、客先に訪問する。コンタクトレス・アプローチの場合もそれは同じで、WEB商談でも他の人がいない静かな環境の中で、1人でパソコンと向き合う。

そうした孤独の中で、営業マンは心も体も疲弊していきます。さらには、売り上げの目標も強いられると、「もう、営業なんかイヤだ」とつい弱音を吐いてしまうものです。

経営者・管理職側が「もっとやる気を出して、自ら率先して動いてほしい」と目標を設定しても、「そう言われても、やる気が出ないんだよなあ」とぼやいている。そんな状況が、多くの現場で起こっているような気がします。

しかし、本書で見てきたように、営業の在り方は変わり、アマゾンエフェクトのような通販の台頭もあり、惰性で指示待ちの御用聞き営業では、存在価値がなくなる運命にあります。第2章で説明した「ＲＣＴＡ」ステップを駆け上がり、顧客からの信用・信頼を勝ち取って、ときに顧客を否定し、顧客の考えを超えていかなければならない。ぼやいたり、弱音を吐いたりしている場合ではないのです。

営業をゲームにする

「もういい加減にしておけ！」

「いったい、いつまでやっているの！」

と責められる。

「もうちょっとだけ〜」と粘って、また叱られる。

いったんはやめても、隙さえあれば、また始めてしまう。


責める方なのか、責められる方なのかは別として、こういう会話はよくあります。何を「やめろ」と言われているのか、「やめたくない」とがんばっているのか。もうおわかりだと思います。ゲームです。

ゲームには、人を夢中にさせる力があります。時間を忘れて、つい没頭してしまう。もっともっとやりたくなる。そして、これが非常に大事なことなのですが、ワクワクして面白くて、とても楽しい。

コロナ禍の真っただ中（２０２０年3月20日）に発売された任天堂のニンテンドースイッチ向けの新作ゲームソフト『あつまれ　どうぶつの森』は、ステイホームというニーズとマッチしたこともあり、発売後6週間で１３００万本以上の世界的大ヒットとなりました。

もちろん、こういったオンラインやコンピュータを使ったゲームだけが、ここで言う「ゲーム」ではありません。トランプや花札のようなカードゲーム、『人生ゲーム』のようなボードゲームも「ゲーム」ですし、ボウリングやゴルフなども「ゲーム」として私たちは楽しんでいます。とにかく、みんな「ゲーム」が大好きなのです。

それならば、営業という仕事を「ゲーム」にできないものでしょうか。「あつまれ営業マン」のようなゲームソフトをつくろうという話ではありません。企業活動の中で業務として行っている営業を、「ゲーム」のように夢中になって楽しめるようにできないか？　ということです。

「ゲーム」成立の4要素

営業をゲームのように楽しめるものにしたい。そう聞くと、たいていの人は「そんなに都合よくいくはずない」と苦笑いするでしょう。営業を苦手にしている人なら「楽しいからゲームなんですよ！　営業は楽しくないのにゲームになるわけないでしょう！」と怒り出すかもしれません。

けれども、実は、あらゆるものは4つの要素を満たせばゲームになります。逆に言えば、今ゲームとして人々を楽しませているものはすべて、4つの要素を兼ね備えています。その4つとは、次のようなものです。

1. 何をすべきかが明確になっている。
2. 自分が今どこにいるかが可視化されている。
3. アクションに対して即時フィードバックがある。
4. ゴールまたは目標を達成すると、何らかの報酬がある。

1つ目の要素「何をすべきかが明確になっている」は、目標や課題、何をやればいいのかがはっきりしているということです。たとえば冒険をするようなロールプレイングゲームなら、地図を見ながら「この場所に行く」「話を聞いて謎を解く」などの小さな課題と、「敵を倒して平和を取り戻す」というような最終的なゴールが明確になっています。だからこそ、そこに向かってアクションを起こせるのです。

2つ目の要素「自分が今どこにいるかが可視化されている」は、自分自身の現在地や現状が、客観的な数値あるいは、ポイントやランキングなどでわかるようになっているということです。この地図上の、この島にいる。自分のパワーレベルはこれくらいで、所持金はいくら。ゲームの中では、それがはっきりと「見える」形で示されています。

3つ目の要素「アクションに対して即時フィードバックがある」は、自分が行った行動に対して、他者からの反応や称賛があるということです。ゲームをやっているときに、無音だとつまらないでしょう。やはり何かに挑戦して成功したときには

「パンパカパーン」とファンファーレが鳴ってほしい。失敗したときに「ボヨーン」というような音が鳴るのも、「次はがんばるぞー」という気持ちを盛り上げてくれたりします。

4つ目の要素「ゴールまたは目標を達成すると、何らかの報酬がある」は、達成感を満たしてくれるご褒美があるということです。金銭的なものでなくて精神的なものでもOKです。「すごいね！」「やったね！」と言われると、嬉しくてまたやりたくなります。

このように4つの要素がそろいさえすれば、どんなことも「ゲーム」になる。当然、営業の仕事もなり得ます。というよりも、もともと営業の仕事は「ゲーム」になりやすい構造になっています。

営業が好きになる「ゲーム化」の仕掛け

前述の４つの要素を、営業の仕事に当てはめて考えてみましょう。

1. 何をすべきかが明確になっている。
➡自社の「商品・サービス」を販売する。営業というのは、まさに「何をやるのか」が常にはっきりと決まっている仕事だと言えるでしょう。

2. 自分が今どこにいるかが可視化されている。
➡「実績」や「見込み」の数・金額が、常に「見える化」されています。また、目標に対する達成率や、自分自身の営業成績が社内でどのくらいの位置なのかというランキングも確認することができます。

3．アクションに対して即時フィードバックがある。

⬇「新規アポイントが取れました！」という報告があれば、すかさず「やったね！」と応える。「成約しました！」という報告にはチームみんなで「おめでとう！」と拍手する。これは、フィードバックする側が積極的にかかわりさえすれば実現できることです。やっていない会社の方が珍しいくらい、みなさんすでに経験があると思います。

4．ゴールまたは目標を達成すると、何らかの報酬がある。

⬇会社によって内容は違うとは思いますが、どの会社においても、成約実績や目標達成率に応じて何らかの報酬が用意されていることと思います。インセンティブとして臨時ボーナスを支給したり、ポイント制で昇給や昇格に反映されたり。ボーナスが増えることも期待できるかもしれません。

このように考えると、営業を「ワクワクして面白くてとても楽しい」「やめろと言われてもやめたくない」と思わせること、夢中になって取り組めるような「ゲーム」にすることは十分に可能だということがわかります。

ボウリングやゴルフが「ゲーム」になる理由

「営業はゲームの４つの要素を満たしている」という話をすると、理論としては納得するものの、それでも、「営業行為そのものは面白くないでしょう？」と不審げにおっしゃる方がいます。アタックリストを見て電話をかけたり、お客様のところにうかがって商談を持ちかけたりすること自体は、まったく楽しいものではないですよ、と。

まだ少し、誤解があるようです。

「ゲーム」の成立には前述した４つの要素があれば十分で、それさえそろってくれれば、「行為の中身」が面白いかどうかは、まったく関係ありません。

ボウリングを例に考えてみましょう。

1. 何をすべきかが明確になっている。
⬇重いボールを投げて（転がして）10本のピンを倒す。

2. 自分が今どこにいるかが可視化されている。
⬇スコアが見えるので、自分や他の人の点数がリアルタイムでわかる。

3. アクションに対して即時フィードバックがある。
⬇スペアやストライクを取ったら、大騒ぎ。「イエーイ！」とハイタッチをして盛り上がる。

4. ゴールまたは目標を達成すると、何らかの報酬がある。
⬇最後に順位がつく。優勝したら「おめでとう」と言われて、賞品が出たり表彰されたりすれば、なお嬉しい。

こう考えると、ボウリングも「ゲーム」です。確かに、始める前はそんなに乗り気でもなかったのに、やり出したらつい夢中になってしまいます。終わる頃には「もう1ゲーム、やろうぜ！」などと言う人が必ず現れます。

しかし、冷静に考えてみてください。「行為」そのものは、普段なら絶対に持ちたくないような重さのボールを持って、遠くの方に並んでいるピンを倒すという、それだけのことです。

もしもゲームの4つの要素のうち、1つでも欠けたとしたら、まったく面白くなくなると思いませんか。ピンを倒すという目的のないボウリング、あるいはスコアをつけないボウリングは、重いボールを転がす苦行のようなものです。

念押しのため、もう1例を挙げましょう。ゴルフならばどうでしょうか。

1. 何をすべきかが明確になっている。
⬇ゴルフクラブでボールを打って、遠くの方にある旗の下の小さな穴に入れる。

2. 自分が今どこにいるかが可視化されている。

➡スコアをつけるので、自分が何打で穴に入れたのかがわかる。

3．アクションに対して即時フィードバックがある。

➡「ナイスショット！」「ナイスアプローチ！」といった声がかかると嬉しくなる。

4．ゴールまたは目標を達成すると、何らかの報酬がある。

➡たいていのゴルフコンペでは表彰されたり賞品がもらえたりする。そうでなくても、前回よりスコアがよかったら、大きな喜びを得られる。

ゴルフも、まさに「ゲーム」。だから、ゴルフにハマる人はあとを絶ちません。せっかくの休日なのに、朝早く起きていそいそと出かけ、ご機嫌で帰ってくるのです。しかしこれもまた、やっていることは山の中を歩き回って棒でボールを叩いて穴に入れる、それだけのことです。もしも「今日はスコアをつけません」などと言われたら、一気にやる気を失いそうです。

結局、何かが「ゲーム」として成り立つのは、4つの要素が満たされてさえいればOKで、その行為自体は、何でもいいのです。重いボールを転がすことでも、小さな穴にボールを入れることでも、あるいは「営業」でも。

「ゲーミフィケーション」とは

ここまでに説明してきたような、ゲームの要素をゲーム以外の分野に応用して、楽しみながら自ら進んで取り組む仕掛けをつくり出すことを「ゲーミフィケーション」と言います。ゲームを成立させる4つの要素は、すなわちゲーミフィケーションの4つの条件ということになります。

ゲーミフィケーションという言葉が広く普及したのは2010年頃のことですが、労働にゲーム的な要素を取り入れて働く人のやる気をアップさせ、成果を高めようとする取り組みは、昔から行われていました。歴史上の有名な話としては、木下藤吉郎（のちの豊臣秀吉）の清洲《きよす》城三日普請などが、その好例です。

戦国時代のときは、織田信長の居城である清洲城の城壁が洪水で崩れました。織田家の重臣が監督をして修復工事に取りかかりましたが、誰が担当してもうまく進みません。そこで、木下藤吉郎が手を挙げました。

藤吉郎は城壁を10分割にして、それぞれに人足を配し、石の積み上げ方を指示しました。そのうえで1日ごとの成果を競わせ、上位3組には順位に応じた報酬を支払い、さらに、予定より早く完成させた場合には、日当とは別の褒美も約束しました。その結果、それまでは遅々として進まなかった修復工事がたった3日で完成したというエピソードです。

ゲーミフィケーションによってゲーム化された仕事は、人を積極的に動かす力を持ちます。他人からあれこれ言われなくても、本人が自発的についついやってしまうようになる。セルフマネジメント能力が、おおいに発揮されることになるのです。

IT化による「可視化」でゲームをもっと楽しもう

ボウリングでもゴルフでも、「スコア」が見えることがゲームを面白くするために非常に大事なポイントでした。『人生ゲーム』のようなボードゲームでも、自分の位置がゴールに対してどの辺りなのか、他の人たちよりも進んでいるのか遅れているのかが見えるからこそ、ルーレットの数字に一喜一憂しておおいに盛り上がるわけです。

これらからもわかるように、ゲーミフィケーションの4条件の中で2つ目の「可視化(見える化)」をどう演出するかが、ゲームへの熱中度に大きく影響します。

それは、次のようにも言い換えられます。

「うまく可視化できれば、人は自ら動く」

もちろん、ゲーミフィケーションの他の条件がそろっていることが前提ですが、「スコアの可視化」には力を入れて取り組むことをお勧めします。

そこで、再び力を発揮するのがＩＴです。

一昔前は、会社の営業部のフロアには壁いっぱいに営業担当者の成績が貼り出されていたものです。達成した担当者の欄には紙でつくった花が飾られたり、机の上の天井から「祝！　達成」と書かれた垂れ幕がひらひら舞っていたりもしました。

誰が達成したのかが一目瞭然、まさに「可視化」です。それを見て、周りの未達成の人間は焦ったり闘志を燃やしたりしながら、自らを奮い立たせていました。

ただ、こんなふうにあからさまに競わせるやり方は、今の時代にはそぐわなくなってきています。もう少しスマートに、遊び心のある「可視化」を演出したいものです。

現在はＩＴの進歩によって、ゲーミフィケーションの肝である「可視化」がよりしやすくなりました。

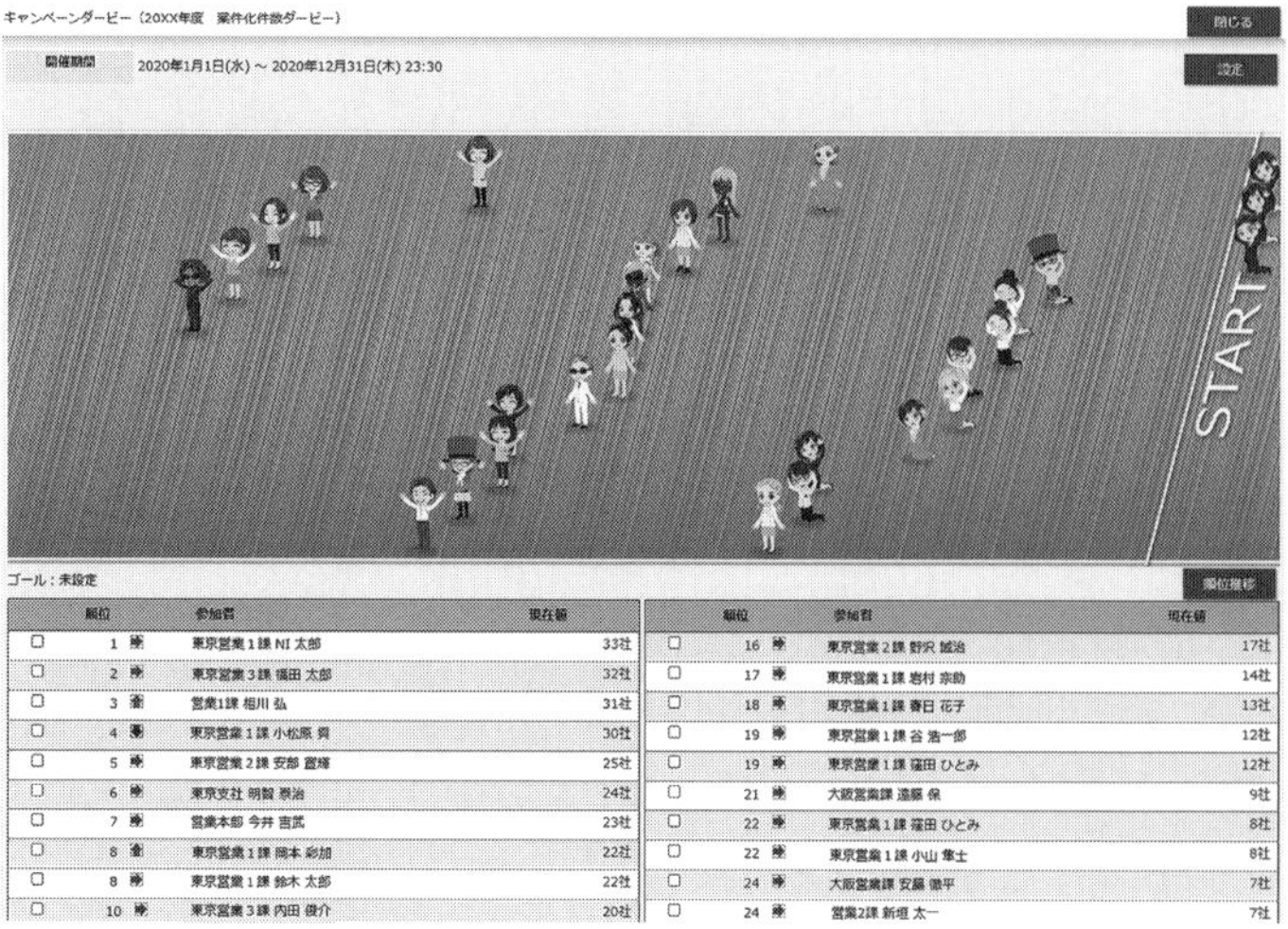

ゲーミフィケーションにより順位を可視化（画像提供：NI コンサルティング）

第5章の「営業支援システムで『顧客創造日報』を運用」（165ページ）で運用事例として取り上げたSFAから、「可視化」の例をいくつかご紹介したいと思います。

当社のある若手営業担当者は「新規開拓件数」というテーマを設定して、他の営業担当者との比較をダービーのような画面で可視化しています。ゴールを目指して各担当者の順位が日ごとに変わっていくので、それを見ながら「やったー」と喜んだり、「うわっ、やばい！」と焦ったりと、ゲームで勝ち負けを競うかのように盛り上がっています。

「個人目標」を設定して、他人との競争ではなく自分自身が決めた目標に対する達成度を可視化して励みにしている者もいます。「1日に○件メールを送る」「1週間に○件の新規アポイントを取る」など、テーマはそれぞれが自由に設定します。実行した数値を可視化することで、記録することで減量できるというレコーディングダイエットと同じ作用があるようです。

人は誰しも順位や達成度が見えることで、より一層がんばれるものです。おまけに自分専用のAI秘書が出てきて「あと少しです！　がんばって」などと励ましてくれます。

「可視化」による効果をより高めるために、注意しておきたい2つのポイントがあります。

1つ目は、「個人」と「チーム」のバランスをうまくとることです。ほとんどの組織は、第5章で説明したチーム型運営をとっていると思います。オーナーシップ型や分業型との折衷であっても、チーム型の要素は入っているはずです。

その場合、個人間で競わせることの方にばかりバランスが傾いてしまうと、チームとしての機能が失われてしまいます。営業の仕事は1人で動くことが多いものですが、チームの協力なしには進まないこともたくさんあります。

個人の評価ばかりを可視化すると、各担当者の優先順位も「自分＞チーム」になってしまって、たとえば担当者がいないときに受けた電話への対応をおろそかにしたり、チームとしてのサポートを面倒に感じたりしてしまいます。

解決方法としては、可視化する評価軸を「個人」と「チーム」それぞれにバランスよく立てて、チーム全体の評価への貢献を促すことなどが考えられます。

もう1つは、会社側が「競え、競え」とは決して言ってはいけないということです。各自が勝手にダービーに参加するというのが理想であり、会社や上司が背中を押して「まだ10位だぞ、もっとがんばれ」とお尻を叩いては、その時点で「ゲーム」ではなくなってしまいます。いくら楽しそうなゲームでも、無理やり押し付けられたら、反発して「やりたくない！」となるのと同じです。

ゲーミフィケーションにおける「可視化」というのは、壁に貼られたグラフや紙でつくられた花のように「みんなに見せたい」ものではなくて、あくまでも「自分自身のスコアを知る」ためのものだからです。

ゲーミフィケーションで真のセルフマネジメントの確立へ

『ベスト・キッド』という映画をご存じでしょうか。1984年に公開されたアメリカ映画で、日本でも大ヒットした作品ですが、その中にとても印象的なシーンがありました。

壮絶ないじめにあっている内気な少年ダニエルは、空手の達人ミヤギのもとで空手を学んで強くなろうと決心し、教えを請います。コーチを引き受けたミヤギはダニエルに車のワックスがけを命じます。イヤイヤながら教えられた通りの動きで「Wax on, Wax off」と繰り返すダニエルですが、ついに頭にきてミヤギに怒りをぶちまけたところ、ミヤギが急に攻撃をしてきて……、なんとその手をダニエルは「Wax on, Wax off」の動きで振り払うことに成功します。驚くダニエル。

「やればできるんだ！」

その自信が「よし、もっとがんばろう」という気持ちにつながっていきます。

本章で紹介してきたゲーミフィケーションは、人を楽しく前向きに仕事に取り組ませるためのものですが、その動機は外発的なものです。

人の動機づけは大きく「外発的動機づけ」と「内発的動機づけ」の2つに分けることができます。外発的動機づけというのは、義務や強制、賞罰など他者によってもたらされるものです。ゲーミフィケーションは、仕組みとしては、主に賞罰の「賞」の部分を利用したものとなります。

一方、内発的動機づけは自分自身の内側から生まれるもので、他者からの賞罰に依存しません。自ら取り組み、工夫し、創造性を発揮するものです。動機づけの継続性という点を考えると、外発的動機づけよりも内発的動機づけの方に軍配が上がります。

「優秀な人材を育てる」ということを真剣に考えるのであれば、社員それぞれが内発的動機づけによって仕事に向き合うということを目指したいものです。外発的動機づけのゲーミフィケーションから、いかに内発的動機づけへと移行させるか。先ほど紹介した『ベスト・キッド』のダニエル君の例が大きなヒントになります。

「空手で相手の攻撃を振り払うことができた！」
「ゲームで敵を倒した！」
「ボウリングでストライクを連発した！」

どんなことでも構いません。成功体験の積み重ねは「やればできるんだ！」という自信につながり、自己効力感を導きます。ゲーミフィケーションは、その「やればできる」感をどんどん積み上げてくれます。読者の方も、何か1つがうまくいくと嬉しくなって、他のこともがんばれる気になった経験があるのではないでしょうか。それは自らの中から出てきた動機づけなので、やらされ感は消滅し、真の意味でのセルフマネジメントが実現します。

今の50代は「ファミコン世代」ですから、世代的に「ゲーム」に抵抗感のある人も少なくなりました。古くは戦国時代の清洲城三日普請にも活用例があるゲーミフィケーションですが、ＩＴ化が進み、コンタクトレス化が進みつつある今なら、より一層の「ゲーム化」効果が期待できるのではないかと考えています。

最初は、イヤイヤ、シブシブであっても、コンタクトレス・アプローチに取り組む中で、「ＲＣＴＡ」ステップを進みながら、ダムを大きくし、観覧車を回して、ライバルも意識しながら、ＷＥＢ商談で成功体験を積む。周囲から称賛されれば、またやってみようと思うでしょう。その積み重ねによって、営業の仕事が本当に楽しくなり、効率よく成果も出せれば、本人も会社もハッピーではないかと思うのです。

第7章

コンタクトレス時代に問い直す「営業」論

「足で稼ぐ営業」は消滅する

「営業をコンタクトレス・アプローチにシフトした場合、営業担当者のスキルや能力もこれまでとは違ってくるでしょうか」

あるセミナーでの講演後、こんな質問を受けました。従来の営業手法で優秀な成果を出してきた者が、コンタクトレス・アプローチになるとどうなるのか？　逆に、これまでは冴えない成績だった者も、コンタクトレス・アプローチになれば成果を挙げることができるのか？　そういう趣旨の問いかけでした。

その答えは、私自身のこれまでの経験から言えば、「ほとんど変わらない」というのが正直なところです。これまで優秀だった営業担当者は、コンタクトレス・アプローチに移行しても、優秀なままです。逆も、残念ながら、基本的にはそのままでしょう。

ただ、これまで営業担当者に必要だと考えられてきた能力のいくつかは、コンタクトレス・アプローチによってなくなります。資料がぎっしり詰まった重いかばんを持って歩き回るための体力、商談やミーティングの際の雑談力などはコンタクトレス・アプローチでは必要ありません。お酒に強い、カラオケで歌って踊って盛り上げるというような「特技」もいりません。

第1章で、営業とは「自分の持っている価値を相手に伝え、お金をもらえるほどのレベルでその価値を認めてもらうこと」だと述べました。お客様の要求にただ応えるだけの御用聞き営業は、今後は通信販売のような人を介在しないシステムにとって代わられていくでしょう。

とにかく足で稼ぐ、という顧客との接点を増やして人間関係を築くやり方は、コンタクトレス時代にはそぐわなくなります。

営業担当者と顧客は、商品やサービスを「買ってもらう」人と「買ってあげる」人という関係ではなく、同じ課題を解決するための同志であらねばなりません。コンタクトレスであろうとなかろうと、これが営業の本質であることには変わりがありません。

「売れない」を前提とした営業戦略

世の中で「営業論」が語られるとき、そこには「より多く売るためには」という考え方が常にベースにあるような気がします。「顧客満足度を高めろ」というのもその方が結局は売れるからで、「営業の魔法」や「魔法のセールストーク」も、売るためのものです。

だから、売れればその仕事は成功で、売れなければ失敗だと多くの営業担当者は感じています。どんなに努力をしたとしても、結果的に売れなければ意味がない。そんなふうに自分を追いつめて、辛い思いを抱えている方も多いのではないでしょょうか。

どうか、安心してください。

「売れない」「お客様に買ってもらえない」、つまり「失注」を前提とした営業戦略、ストラテジック・セールスという考え方を紹介します。

企業は何かにつけて「戦略」を考えますが、そもそも会社経営や営業活動に戦略がなぜ必要なのか。それは、負ける可能性があるからです。もしも絶対に勝つことが決まっているなら、戦略など考える必要はありません。負けるかもしれないから、戦略的に戦うことが必要なのです。営業も、失注することがあるから戦略が必要になるわけです。

「売れなかったらどうしようなどと考えているからお前は売れないんだ!」などと無茶を言って発破をかけたつもりの上司も見受けられますが、そんな精神論をいくら吹き込んでも事態は改善しないでしょう。怒鳴られた営業担当者は「もう営業なんてイヤだ、やりたくない」とやる気や自信を失って、かえって悪循環に陥るかもしれません。

ストラテジック・セールスでは、「失注＝売れなかった」をあってはいけないことではなく、あり得るものだと織り込んで戦略を立てていきます。結果として受注できようが失注しようが、アプローチしたすべてのお客様を無駄にしないという考え方です。そう考えると失注は無駄ではなくなり、すべての活動が意味のあるものに変わります。

なぜ、失注は無駄ではないのか？

それは、アプローチしたという時点で「多少の見込みはあった」はずだからです。買ってもらえる可能性が０（ゼロ）のお客様に、アプローチしようとは誰も思いません。男性用の商品を女性に一所懸命売り込むような人はいないでしょう。「買ってくれるかもしれない」と思ったから、アプローチしてみた。だけど、買ってもらえなかった。それは十分にあり得ることです。お客様にはお客様の都合があり、さまざまな事情があります。とはいえ、今回買ってもらえなかったとしても、一生買わないとは限りません。ですから、「買ってもらえなかった」というデータを、どんどん蓄積していくのです。

データベースに入った瞬間に、そのデータは未来の営業に活用することができるので、「買ってくれなかった客」は「見込み客」に変わります。いつかこのお客様から受注できれば、最初の失注は受注のためのプロセスだったということになるわけです。そう考えると、失注が怖くなくなります。怖いどころか、むしろ、未来への貯蓄として「期待」に変えることができるのです。

コンタクトレスにより、顧客へのアプローチ数は、間違いなく劇的に増えます。それに伴ってデータベースのダムはますます大きくなり、未来への貯蓄もどんどん積み上がっていくのです。

情報収集力が行動の質を高める

「失注も含めてすべてのアプローチは無駄にならない」ということに気づくと、1件でも多く電話をし、1人でも多くの人と商談に持ち込めばいいんだな、とやみくもに行動量を増やそうとする人が現れます。もちろん、行動量の絶対値が大きいのは悪いことではありませんが、すぐに「生産性」が上がるものではありません。行動量と同時に行動の質も高めなくてはいけません。

ではどうすればいいのか？　ずばり、「スパイ」になる必要があるのです。

ここで、再び『孫子』の登場です。

『孫子』第十三篇には間諜（スパイ）による諜報活動のやり方に言及した文章が、「用《よう》間《かん》篇」としてまとめられています。その中から少し長いのですが引用します。

孫子曰《いわ》く、凡《およ》そ師《し》を興《おこ》すこと十万、師を出《い》だすこと千里なれば、百姓《ひゃくせい》の費《ついえ》、公《こう》家《か》の奉《ほう》、日《ひ》に千金を費《つい》やし、内外騒動して、道路に怠《つか》れ、事《こと》を操《と》るを得ざる者、七十万家。相《あい》守ること数年、以《もっ》て一日の勝を争う。而《しか》るに爵禄《しゃくろく》百金を愛《おし》みて、敵の情を知らざる者は、不仁《ふじん》の至りなり。民《たみ》の将《しょう》に非《あら》ざるなり。主《しゅ》の佐《たすけ》に非ざるなり。勝の主に非ざるなり。

故《ゆえ》に明主《めいしゅ》・賢将の動きて人に勝ち、成功の衆に出づる所以《ゆえん》の者は先知《せんち》なり。先知なる者は、鬼神《きしん》に取る可《べ》からず。事《こと》に象《かたど》る可からず。度《たく》に験《けん》す可からず。必ず人に取りて敵の情を知る者なり。

孫子は言う。およそ10万の兵を集め、千里もの距離を遠征させるとなれば、民衆の出費や国による戦費は、1日にして千金をも費やすほどになり、官民挙げての騒ぎとなって、補給路の確保と使役に消耗し、農事に専念できない家が70万戸にも達する。こうした中で数年にも及ぶ持久戦によって戦費を浪費しながら、勝敗を決する最後の1日に備えることがある。(数年にも及ぶ戦争準備が、たった1日の決戦によって成否を分ける)にもかかわらず、間諜に褒賞や地位を与えることを惜しんで、敵の動きをつかもうとしない者は、兵士や人民に対する思

いやりに欠けており、指揮官失格である。そんなことではとても人民を率いる将軍とは言えず、君主の補佐役とも言えず、勝利の主体者ともなり得ない。

こうしたことで、聡明な君主や優れた将軍が、軍事行動を起こして敵に勝ち、人並み以上の成功を収めることができるのは、事前に敵情を察知するところにこそあるのだ。先んじて敵情を知ることは、鬼神に頼ったりして実現できるものではなく、祈禱や過去の経験で知ることができるものでもなく、天体の動きや自然の法則によってつかむわけでもない。必ず人間が直接動いて情報をつかむことによってのみ獲得できるものである。

つまり、スパイこそが戦局を優位にするのです。それは、営業活動でも同じことで、取引先の情報を引き出すことが大切です。ゆえに、「営業活動は諜報活動でなければならない」というのが、長年にわたって営業支援をしてきた私の考えです。

ストラテジック・セールスについて説明した際に、失注の情報も無駄にはならないと言いました。でも、それが単に「失注しました」「理由は不明です」というのでは、まったく役に立ちません。情報として重要なのは「なぜ失注したのか」という

「理由」なので、それを探り出して、その内容を組織として共有することが必要です。

「別の商品を買ったばかりでタイミングが悪かった」

「求めている機能がついていなかった」

「今は、資金繰りが大変で余裕がない」

情報収集は、具体的であればあるほど、その後の営業活動に活かすことができるのです。

6つの視点で購買要因を「推察」

情報収集では、聞き出すことと同時に、推察する力が求められます。そのため、顧客の購買要因となる「QCDKTR」という6つの視点から推察をすれば、受注理由も失注理由もわかるようになります。

①Q（Quality：品質）
②C（Cost：価格）
③D（Delivery：納期）
④K（Key Man：意思決定権者）
⑤T（Timing：購入時期）
⑥R（Relation：人間関係）

1つずつ、簡単に例を挙げて説明しておきます。

①のQ（Quality）は、「顧客にとっての品質とは何か」です。こちらがいくら高品質だと自信を持っていたとしても、先方が重要視している品質とは違っている場合があります。ここにズレがあるまま商談を進めても、実のある提案にはなりません。

②のC（Cost）は、顧客が「価格をどう評価しているか」です。「高いよ」と言われた場合、何にくらべて高いと言っているのか、絶対的に支払えないという話なのかによって、その後の商談の進め方は変わります。

③のD（Delivery）は、納期。「なるべく急いでね」と言われた場合、期限をとにかく優先すべきなのか、デッドラインはあるのかなどの確認が必要です。
④のK（Key Man）は、誰がキーマンなのか、最終決定は誰が行うのかということです。偉そうにしていても、実は権限を持っていないということもあります。
⑤のT（Timing）は、購入時期のタイミングです。同じような機能のものを買い替えたばかり、という相手にどんなに熱心に勧めても、今すぐ買ってもらうことは難しいでしょう。いつになったら可能性があるのかなどを探ります。
⑥のR（Relation）は、お互いの関係性です。長年のお付き合いのある同業他社があるという場合には、入り込むのはハードルが高そうです。でも、現在の付き合いに何らかの不満を抱えているとしたら、可能性がありそうです。

営業担当者は、このようにさまざまな視点から「推察」を行うことで、情報収集の質を高めることができます。推察ですから、読みが外れることもあります。それを恐れる必要はありません。一回一回の推察では読み違えることがあっても、データを貯めて繰り返し効果検証を行うことで、自ずと正解に近づいていくものです。

営業は「戦略実行」の最前線だ

現代は、企業の経営戦略に「正解」がない時代です。どのような戦略も、仮説にすぎません。そして、仮説は検証してみないことには、正しいかどうかの判断がつきません。ですから、戦略は「仮説検証ループ」を回しながら練っていく必要があります。

戦略仮説 ⬇ 実行 ⬇ 仮説検証 ⬇ 戦略修正 ⬇ 戦略仮説 ⬇ ……

仮説を実行してみて、正しいか間違っているかを検証する。間違っていた場合は戦略を修正して新しい仮説を立て直す。そして、再び実行し、仮説検証をする。この繰り返しの中で、戦略は洗練されていきます。

当然、仮説を実行して検証するのは、営業担当者の仕事となります。戦略を実行するためにはマーケットへのアプローチが必要ですから、それを担う営業現場は常に、戦略実行の最前線です。

営業現場で行われるストラテジック・セールスも、実は仮説検証ループそのものです。営業担当者がマーケットに出て顧客にアプローチし、その反応を持ち帰ってデータベースに蓄積する。さらに、自分自身の推察もそこに加えます。その結果、また新たな仮説が立ち上がり、それを元に再び顧客のもとへと向かう。その繰り返しによって顧客のニーズがより確かな形で可視化されます。その可視化された情報は、再び経営戦略の仮説検証の材料となり、ループは回り続けます。

営業という仕事は、つまり、企業の経営戦略を検証するための活動でもあるのです。

コンタクトレス時代は、もう始まっている

「コンタクトレス時代」を牽引するのは、新型コロナウィルス問題だけではありません。地球温暖化などの環境の変化、人口減少によるマーケットの縮小、働き方改革の推進。また、ＩＣＴ（Information and Communication Technology：情報通信技術）の進化と普及など、さまざまな要素が絡み合って進行してきたもので、すでに、とっくに始まっていたことです。

たまたま、新型コロナウィルスによるパンデミックというタイミングが重なったことが、状況を一気に進めました。そのことを想定外のアクシデントとしてマイナスに受け止めるのではなく、新しい営業スタイルを構築するためのプラス方向への追い風だと考えるべきです。マイナスをプラスに転じて、ビジネスモデルやマネジメントスタイルの変革を粛々と前に進めましょう。

新型コロナウィルス対策だけを考えるならば、いずれはワクチンが開発されて、緊急事態宣言や外出自粛は過去のものになるかもしれません。それに伴ってテレワーク化の動きが鈍る可能性はあります。

けれども、新たな未知のウィルスへの恐怖から人類が完全に解放されることはありません。それ以外にも、豪雨や地震のような自然災害で交通が遮断され「出社できない」「移動できない」「人に会えない」という事態はこれまでにも何度も起こってきたことですし、今後も起こり得ることです。

本書のテーマであるコンタクトレス・アプローチのニーズは、決して一過性のものではないはずです。私たちは、これまでにもパソコンや携帯電話など新しい便利なツールに出合い、最初は驚きつつもそのたくさんのメリットに価値を認めて受け容れ、しだいに慣れて使いこなすようになりました。今では仕事を進めるうえで欠かせないものとして活用しています。コンタクトレス・アプローチが同じように「営業手法の当たり前」になる日も、そう遠くはないでしょう。

コンタクトレス・アプローチは他の便利なツールと同様、目的ではなく手段です。目的は、あくまでも「営業」。御用聞き営業ではなく、売らんかなの押し付け営業でもなく、「真の」営業です。

営業とは、「自分の持っている価値を相手に伝え、お金をもらえるほどのレベルでその価値を認めてもらうこと」と私は定義しています。その価値とは、「売る側」「買う側」という対立した関係ではなく、同じ目標に向かって手を携える「同志」になるということです。

今後、どんな未来を顧客とともに切り拓いていくのか。その戦略において、コンタクトレス・アプローチはきっと欠かせないものになるはずです。

おわりに

本書をお読みいただき、ありがとうございました。

「コンタクトレス・アプローチ」という新しい言葉やその意味するところについて、どのように感じたでしょうか。本書では、単に言葉や概念を紹介するだけでなく、それによってどのような価値が生まれるのか、ビジネスモデルやマネジメントにどのような変化が予測されるのかについても考察を重ねてきました。さらに、これからコンタクトレス・アプローチを始めようとしている企業や担当者をサポートしたいと考え、営業現場での実践方法をなるべく平易に解説したつもりです。役立つヒントになれば幸いです。

現在、当社では、顧客との商談やミーティングのほとんどをコンタクトレス・アプローチで行っています。その中で面白いことにも気づきました。本文の中でも触れた「ザイアンスの法則」と呼ばれる単純接触効果（人やものに対して何度も接触することで、しだいに好感度や評価が高まっていく効果）が、コンタクトレス・アプローチにおいてもどうやら働いているようなのです。私は学者ではないので理論的な証明はできませんが、YouTube動画で何度も目にした人や、ウェビナーの講師の方などに対して、リアルにはお会いしたことがないにもかかわらず「親しみ」や「好意」を自分自身が日ごとに強く感じつつあることを実感していますし、私もウェビナー受講者からそう言われることがあります。

リアルに生身の姿を見せ合えないことで起こり得る心理的な距離という懸念は、この数カ月の経験を通じてかなり払拭されたことを報告しておきます。

本書も企画段階から編集、発刊に至るまで、コンタクトレスで進めることができました。緊急事態宣言が出ていて外出を自粛していた時期でもあり、コンタクトレスがテーマの本なのだからコンタクトレスで本も出せるかどうかチャレンジしようということで、このような方法を試しましたが、本書を手に取っておられる方がいるということは、それでも本が出せたということです。

近い将来、コンタクトレス・アプローチは営業活動の「当たり前」になります。さまざまな揺り戻しはあるでしょうが、そうした中で、技術進歩があり、ペーパーレス、ハンコレスが進み、テレワーク人口が増えて、恐らく、今予想しているよりもももっと速いスピードで、そのときがやってくるでしょう。私はそうなったあとのことを、もうすでに考え始めています。

孫子兵法家らしく、最後にもう1つ『孫子』（勢《せい》篇）の言葉を紹介して終わりたいと思います。

凡《およ》そ戦いは、正《せい》を以《もっ》て合い、奇《き》を以て勝つ。
故《ゆえ》に、善《よ》く奇を出す者は窮《きわ》まり無きこと天地の如《ごと》く、竭《つ》きざること江河《こうが》の如し。

――一般に、戦闘においては、正法によって相手と対峙し、奇法を用いて勝利を収めるものである。だから、奇法に通じた者の打つ手は天地のように無限であり、揚子江や黄河のように尽きることがない。

これはつまり、基本や定石に従った「正攻法」と、相手の裏をかく「奇策」を使い分けることができれば、戦い方は無限になるということです。

リアルに会うスタイルの営業活動が正攻法であった時代には、コンタクトレス・アプローチは奇策だと受け止められました。しかし、今後はコンタクトレス・アプローチが主流となり、正攻法となります。そうなったときには、逆に奇策となるリアル営業が、また新たな意味を持つにちがいありません。

「正」と「奇」は状況しだいでくるくると変わり続けます。今の「当たり前」は、明日にはそうではなくなるかもしれない。常識は常に変化するものです。

本書をお読みいただいた方には、「営業は客に会ってこそ」「足で稼ぐのが営業の基本」という過去の常識にとらわれずに、どんどんコンタクトレス・アプローチにチャレンジしていただきたいと思います。同時に、何でもＩＴを使って「オンラインで」「リモートで」「非接触で」うまくいくと安易に考えていただきたくもありません。

「正」と「奇」を使い分け、天地のように無限に、江河のように尽きることなく、営業アプローチを繰り出してみてください。ＩＴやＷＥＢ、ＡＩなどのツールはそのための武器にすぎません。

コンタクトレス・アプローチが、未曾有の経済危機にも、パンデミックにも、地震や豪雨などの天災にも打ち勝ち、みなさんの事業継続と成長発展に寄与できることを祈って、筆を置きたい思います。

令和2年7月

長尾一洋

参考文献

長尾一洋『仕事で大切なことは孫子の兵法がぜんぶ教えてくれる』(KADOKAWA、二〇一五年)
長尾一洋『普通の人でも確実に成果が上がる営業の方法』(あさ出版、二〇一七年)
長尾一洋・清永健一『営業のゲーム化で業績を上げる:成果に直結するゲーミフィケーションの実践ノウハウ』(実務教育出版、二〇一四年)
長尾一洋・清永健一『「仕事のゲーム化」でやる気モードに変える 経営に活かすゲーミフィケーションの考え方と実践事例』(実務教育出版、二〇一三年)
長尾一洋『営業マンは「目先の注文」を捨てなさい!』(中経出版、二〇一二年)
長尾一洋『小さな会社こそが勝ち続ける 孫子の兵法経営戦略』(明日香出版社、二〇一〇年)

ブックデザイン　三森健太（JUNGLE）
編集協力　白鳥美子

著者略歴

長尾一洋（ながお・かずひろ）

株式会社ＮＩコンサルティング代表取締役
中小企業診断士
孫子兵法家

横浜市立大学商学部経営学科を卒業後、経営コンサルティング会社で営業指導、戦略策定、人事改革などを経験し、課長職を経て独立。1991年にＮＩコンサルティングを設立し、日本企業の経営体質改善、営業力強化、人材育成に取り組む。自社開発のITツール「可視化経営システム」は、6900社を超える企業に導入され、営業力強化や業務改革をローコストで実現している。また、2500年前から伝わる兵法『孫子』の知恵を現代企業の経営に活かす孫子兵法家としても活動中。

（主要著書）
『AIに振り回される社長 したたかに使う社長』（日経BP）、『営業の見える化』（KADOKAWA）、『普通の人でも確実に成果が上がる営業の方法』『まんがで身につく 孫子の兵法』『まんがでできる営業の見える化』（以上、あさ出版）、『孫子の兵法経営戦略』（明日香出版社）、『「キングダム」で学ぶ乱世のリーダーシップ』（集英社）他多数。

コンタクトレス・アプローチ
テレワーク時代《じだい》の営業《えいぎょう》の強化書《きょうかしょ》

2020年 8 月20日　初版発行

著者／長尾《ながお》 一洋《かずひろ》

発行者／青柳 昌行

発行／株式会社KADOKAWA
〒102-8177　東京都千代田区富士見2-13-3
電話　0570-002-301（ナビダイヤル）

印刷／大日本印刷株式会社

DTP／有限会社エヴリ・シンク

ISBN 978-4-04-604924-7　C0034